DESMITIFICACIÓN DE DOGMAS Y DEVOCIONES CATÓLICOS EN CIEN AÑOS DE SOLEDAD

DESMITIFICACIÓN DE DOGMAS Y DEVOCIONES CATÓLICOS EN CIEN AÑOS DE SOLEDAD

Ernesto García Uranga

Número de Control de la Biblioteca
del Congreso de EE. UU.:   2012910207
ISBN: Tapa Blanda   978-1-4633-3131-3
               Libro Electrónico   978-1-4633-3132-0

Este Libro fue impreso en los Estados Unidos de América.

Para pedidos de copias adicionales de este libro, por favor contacte con:
Palibrio
1663 Liberty Drive
Suite 200
Bloomington, IN 47403
Llamadas desde los EE.UU. 877.407.5847
Llamadas internacionales +1.812.671.9757
Fax: +1.812.355.1576
ventas@palibrio.com
414290

Dedico este trabajo primeramente a todos los millones de seres humanos que han sido y siguen siendo víctimas de dogmas y devociones equivocados promulgados por la Iglesia católica. Espero que este estudio les sirva como inspiración para obtener una auténtica liberación de aquellos que pretenden poseer la fórmula correcta para su fe.

A mi señor padre, quien con su catolicismo dogmático me motivó a ir en busca de la verdad.

A mi madre, qué en paz descanse, para quien ser cristiano significaba celebrar la vida en todo su esplendor, y con los demás.

A Leo, mi esposa, y a Ocnam, mi hijo, quienes con su abundante cariño me alimentan día a día el espíritu para ver las cosas hermosas que tiene este escabroso mundo.

A mi hijo Christopher, a quien le deseo lo mejor de la vida: ¡qué sea feliz!

Y por último, a Ethan, el hijo que jamás conocí.

"Bendita rebeldía"…

"¡Viva con tu locura el que pueda aguantarte!"

SÓFOCLES: Antígona

AGRADECIMIENTOS

Quiero expresar mi reconocimiento de una manera muy especial a las siguientes personas ya que sin su insistencia y apoyo este trabajo nunca se hubiera concluido.

A Daniel Dávila Monteverde, quien a pesar de su vida tan ocupada se tomó el tiempo para corregir el manuscrito y hacerme importantes sugerencias de redacción.

A Daniel Alvarado Flores y su esposa Rosalinda Ramos de Alvarado, quienes leyeron el manuscrito y me hicieron pertinentes observaciones.

A Leonor Veloz, una estudiosa de la historia de la Iglesia católica, quien con sus conversaciones me iluminó en más de una ocasión para reencontrar el camino que a veces perdía.

A mi amada esposa, Leo, quien leyó y releyó el manuscrito haciendo siempre valiosas indicaciones y quien me echó porras en momentos de desaliento.

Y por último, a todos aquellos católicos empedernidos a quienes les solicité leyeran mi ensayo y quienes después de ojear las primeras páginas me lo regresaron argumentando que los disculpara, que no podían, que "no querían perder la fe".

Para todas estas personas, vaya mi más profunda gratitud; estoy en deuda con ellas.

TABLA DE CONTENIDO

INTRODUCCIÓN

En *Cien años de soledad* "Aparecen abundantes elementos religiosos propios de la liturgia católica [...]".[1] Sin embargo, "La Iglesia en Macondo surge como una institución que incrementa su decadencia en los últimos días de existencia del pueblo. Hay milagros que se manifiestan pero éstos aparecen como **burla de sus modelos católicos**"[2] (el énfasis es mío) (tm).[3]

Los dogmas y devociones tradicionales de la Iglesia católica tienen un trágico destino por no atender a las

---

[1] Joaquín Marco: Estudio introductorio a *Cien años de soledad* por Gabriel García Márquez, Madrid, Ed. Espasa-Calpe, S. A. 1985, págs. 33-4.

[2] Grete Evans Miller: *The ironic use of biblical and religious motifs in "Las tierras flacas" and "Cien años de soledad",* Ann Arbor MI, University Microfilms International, DA PhD. 1976, pág. 88.

[3] En adelante, la abreviatura "(tm)" entre paréntesis, seguida inmediatamente a una cita, significa que dicha cita es una traducción mía, y siempre del inglés al español. Con el fin de hacer menos extenso el presente trabajo, juzgo prudente el omitir las citas en su lengua original, el inglés, conformándome únicamente con ofrecer su traducción al español.

necesidades sociales del católico moderno. Mientras el Magisterio de la Iglesia continúe aferrado a mantener sus ya caducas formulaciones de fe y se resista a cualquier modificación de las mismas, más y más creyentes dejarán las filas de esta institución, pues para ellos no refleja el mensaje salvador que predica el Nuevo Testamento.

Una reinvención de los dogmas y devociones es necesaria a partir de los ya existentes.

Siendo así, la Iglesia tendría que llevar a cabo una exégesis que situara los dogmas y devociones en un contexto significativo con relación a la vida diaria de sus feligreses.

Estoy convencido que Gabriel García Márquez, en *Cien años de soledad*, sugiere esta reinvención de dogmas y devociones pues, en su forma actual, no tienen "una segunda oportunidad sobre la tierra"[4] porque no contribuyen a la formación de un mundo justo.

El primer paso para dicho proceso de reconstrucción se da en la realidad novelesca del escritor colombiano por medio de la desmitificación de los referidos dogmas y devociones. No olvidemos que para poder construir algo nuevo, primeramente es necesario desmantelar lo viejo. De tal manera que esta

[…] desmitificación [en *Cien años de soledad*] traerá a la luz aquellos mitos o elementos míticos

---

[4]   Gabriel García Márquez: *Cien años de soledad*, México, Editorial Diana, 1986, pág. 432. (En adelante todas las citas de esta novela vendrán de esta edición y se darán entre paréntesis incorporadas al texto.)

> que han perdido su funcionalidad dentro de una
> sociedad, o sea, respecto a los cuales ya no se
> produce un acto de creencia, pero cuya valorización
> no ha desaparecido del todo en la cultura que los
> produjo, ya sea porque algunas personas todavía los
> sustentan o porque la cultura misma no ha logrado
> deshacerse de ellos, reemplazándolos por otros.[5]

Pienso que es evidente que Gabriel García Márquez, por medio de la desmitificación que lleva a cabo en su obra, deja muy en claro que estas formulaciones de fe y creencias religiosas en su forma actual no significan nada para el creyente contemporáneo. De ahí que uno de los personajes de la novela exclame con gran indignación: "—Collons [...] Me cago en el canon 27 del sínodo de Londres" (416).[6]

Un reajuste de las profesiones de fe tradicionales es necesario. Pero antes de que esto suceda, como ya se indicó, hay que destruir los viejos modelos porque

> La victoria final vendrá solamente al destruir al
> Diablo [en este caso los dogmas y devociones

---

[5]   Ana María Velazco: *Función de lo mítico en Cien años de soledad*, Ann Arbor, Michigan, U-M-I Dissertation Information Service, University Microfilms International, 1982, pág. 51.

[6]   El canon 27 del sínodo de Londres prohibía a las monjas cantar el Oficio Divino en el mismo coro con los monjes. Me parece que García Márquez con esta cita está poniendo de manifiesto la banalidad, mediocridad y abuso de la Iglesia al hacer declaraciones dogmáticas de esta índole.

caducos], lo cual, por extensión, implica el arrasar a Macondo [la Iglesia en decadencia].

Como resultado del huracán bíblico, Macondo [la Iglesia tradicional con su autoritarismo] será borrado de la faz de la tierra. Solamente al hacer borrón y cuenta nueva, al remover todo vestigio de explotación y miseria del pasado [espiritualmente hablando], puede […] [la nueva Iglesia] empezar a reconstruir.[7] (tm)

En otras palabras, así como estaba escrito que "las estirpes condenadas a cien años de soledad no tenían una segunda oportunidad sobre la tierra" (432), así los dogmas y devociones decrépitos de la Iglesia católica tradicional, que han llegado a ser obsoletos en la vida espiritual de los creyentes, tampoco tienen una segunda oportunidad: deben ser eliminados o, más bien, renovados, para empezar con una visión diferente, encaminada a llenar los espacios que esta institución no ha podido llenar en la vida espiritual de los católicos contemporáneos.

En este ensayo, por consiguiente, analizo la forma en que, de acuerdo a mi pensar, Gabriel García Márquez desmitifica algunos de los dogmas y devociones católicos tradicionales.

Para cumplir con esta tarea, me valgo de cuatro pasos: (1) hago un rastreo con la finalidad de identificar los dogmas

---

[7]   Miller: ob. cit., pág. 98.

y devociones católicos presentes en *Cien años de soledad*; (2) muestro el elemento paródico que los desmitifica; (3) presento el punto de vista de la doctrina oficial de la Iglesia con respecto a estos dogmas y devociones; y, finalmente, a manera de contrapeso al tercer paso, (4) expongo lo que la Teología histórica[8] ha logrado desenterrar en relación a estas declaraciones de fe. El resultado de la investigación de la Teología histórica es lo que va a representar, en este trabajo, un apoyo para confirmar la desmitificación que, según yo, se hace en la obra del colombiano, *Cien años de soledad*.

---

[8] De acuerdo con Sinclair B. Ferguson, David F. Wright y J. I. Parker en *New Dictionary of Theology*, Downers Grove, Illinois, 1988, págs. 306-7, "Teología histórica es el estudio de la historia de la doctrina cristiana. A través de los siglos siempre ha habido cierto estudio de la teología de épocas pasadas, pero la Teología histórica se manifestó por primera vez como una disciplina establecida por sus propios méritos durante el siglo pasado [realmente se refiere al siglo XIX]. Con el surgimiento del método histórico-crítico o el análisis científico de la historia, la historia de la doctrina cristiana se convirtió en un campo de estudio. [...] la Teología histórica se enfoca en los cambios de creencias a través de los años. La Teología histórica también tiene que ver con la influencia que tiene el clima filosófico y social del momento sobre la teología al mostrar que toda teología es voluntaria o involuntariamente contextualizada. [...] A la teología histórica frecuentemente se le acusa de ser una disciplina relativista. Esto es verdad en cuanto a que presta atención al inescapable carácter humano e histórico de toda nuestra teología. En cuanto a tal, nos hace ver la constante necesidad de concentrarnos en los problemas de hoy bajo la luz de la palabra de Dios, y no absolutizar el sistema teológico del pasado" (tm).

El orden que sigo para analizar los dogmas y devociones en la novela es el cronológico, es decir, según aparecen en el transcurso de la lectura. En ocasiones, sin embargo, agrupo algunos dogmas bajo un mismo tema sin importar su cronología.

1. EL CONCEPTO DE MILAGRO

La primera referencia religiosa de la cual me ocuparé es la relacionada al concepto de 'milagro'. No olvidemos que, como ya se dijo en la introducción, en los últimos días de Macondo, antes de ser destruido, hay milagros que son una parodia de su contraparte católica.[9]

En la novela encontramos alusión al concepto de milagro cuando el autor nos indica que "José Arcadio Buendía, cuya desaforada imaginación iba siempre más lejos que el ingenio de la naturaleza, y aún más allá del milagro y la magia, pensó que era posible servirse de aquella invención inútil [los imanes] para desentrañar el oro de la tierra" (8). Puedo ver que en esta cita existen tres momentos en los que se desmitifica el concepto de milagro. Veamos:

El primero es cuando se refiere a ir "aún más allá del milagro". Juzgo que ésta es una forma de minimizar el aspecto majestuoso y divino que encierra en sí el concepto de milagro, pues el que un humano, José Arcadio Buendía, vaya "aún más

---

[9] Cit. (2), pág. 11 en la Introducción.

allá del milagro", sugiere la subordinación de un acto divino a uno completamente humano. Además, el ir "más allá", en nuestro lenguaje común, significa el superar algo. En este caso, las acciones de José Arcadio Buendía, un hombre de carne y hueso, superan al milagro, un acto divino, realizado únicamente por Dios. Y de ahí su desmitificación.

El segundo momento tiene que ver con la yuxtaposición del término 'milagro' junto al de 'magia'. Esto no me parece una mera casualidad por parte del autor, sino, al contrario, algo bien intencionado. Me sugiere que, tal vez, el propósito de García Márquez es equiparar el concepto de 'milagro' con el de un simple truco carnavalesco, y nos deja con la impresión de que el 'milagro' no es más que una simple ilusión. En este terreno el escritor colombiano no anda tan errado si consideramos el trabajo de John Dominic Crossan, *The Historical Jesus: The Life of a Mediterranean Jewish Peasant*, en donde cita a Hans Dieter Betz:

> "Magia es el arte que hace que la gente que la practica se sienta mejor no peor, que provee la ilusión de seguridad al inseguro, que ofrece el sentimiento de ayuda a quien la necesita y el consuelo de la esperanza a quien no la tiene". Y nótese [dice Crossan, al continuar con la cita de Betz] la ambivalencia en esta frase final: "Por supuesto, todo esto es una decepción. Pero, ¿quién es capaz de enfrentarse a la realidad desnuda, especialmente si hay forma de evitarla?

Es por esto que la magia ha funcionado y continúa funcionando, no importa cuál sea la evidencia. Aquellos cuya vida depende de la decepción y de una falsa ilusión, y aquellos que las proveen, han formado una simbiosis indisoluble. La magia transforma una vida imposible en posible para aquellos que creen en ella, y ofrece una profesión con ganancias a aquellos que practican este arte [...]" ¿Podría alguien [pregunta, entonces, Crossan] estar dispuesto a decir lo mismo, digamos, sobre los milagros de Jesús en particular, y las promesas de la religión en general? Y si no, ¿por qué no?[10] (tm)

Por lo tanto, estimo que al yuxtaponer los conceptos de milagro y magia, García Márquez insinúa que ambos son intercambiables, más que eso, difícil de separar. Que aquello que se define como milagro bien podría ser magia y viceversa. Y aquí, una vez más, opino que el autor va por buen camino si nos remitimos de nueva cuenta a lo que Crossan sostiene al respecto:

La magia y la religión pueden ser mutuamente distinguidas en el antiguo mundo o en el moderno

---

[10] Hans Dieter Betz: *The Greek Magical Papyri in Translation, Including the Demotic Spells*, Chicago and London, Chicago Press, 1986, págs. xli, xlvii-xlviii cit. por John Dominic Crossan en *The Historical Jesus: The Life of a Mediterranean Jewish Pasant*, New York, Harper San Francisco, A Division of Harper Collins Publishers, 1992, págs. 305-6.

> por medio de definiciones políticas y prescriptas,
> pero no por descripciones fundamentales,
> descriptivas o neutrales. La religión es magia
> oficial y aprobada; la magia es religión no oficial
> y desaprobada.[11] (tm)

Y sus palabras son confirmadas por John Hull cuando asegura que "[…] la categoría de milagro, aun cuando era una forma indispensable en las expresiones mitológicas de fe encontradas en el mundo antiguo, era para los antiguos muy difícil de separar de la categoría de magia"[12] (tm).

En base, entonces, a lo que tanto Crossan como Hull han expresado, ¿sería posible decir que quienes hacen milagros también son magos? En este terreno, aclara Crossan, los cristianos tienen muchos problemas para probar lo contrario. Lo dice así:

> Elías y Eliseo, Honi y Hanina eran magos, así
> como lo fue Jesús de Nazaret. Es absolutamente
> fascinante mirar a los teólogos cristianos describir
> a Jesús como a un hombre que hacía milagros,
> en lugar de describirlo como mago, y después
> intentar definir la diferencia fundamental entre
> los dos. Existe, así parece por la tendencia de

---

[11] Crossan en *The Historical...*, ob. cit., pág. 305.

[12] John M. Hull: *Hellenistic Magic and the Synoptic Tradition*, SBT 2/28, Naperville, IL., Allenson, 1974, pág. 60, citado por Crossan en *The Historical...*, ob. cit. pág. 307-308.

> tales argumentos, una necesidad ideológica de
> proteger la religión y sus milagros, de la magia y
> sus efectos.[13] (tm)

Pero Crossan no se detiene ahí, va aún más allá. Y declara: "[...] ritos religiosos tales como la misa católico-romana, que garantiza la transubstanciación eucarística, podría ser fácilmente acusada de ser magia por algunos espectadores hostiles"[14] (tm). De ahí que, y prosigue, "[...] Jesús, como mago y como individuo que hacía milagros era un fenómeno muy problemático y controversial no solamente para sus enemigos sino también para sus amigos"[15] (tm). No es de extrañar, entonces, que "Para nosotros, hoy en día, es imposible separar magia de milagros sin modificar seriamente la parte estrictamente milagrosa del milagro"[16] (tm). Y es todo esto, una vez más, que viene en apoyo a la desmitificación del concepto de milagro que creo yo se lleva a cabo en *Cien años de soledad*.

El tercer momento en el que se hace una desmitificación del concepto de milagro es el que se refiere a los imanes con los cuales José Arcadio Buendía quería "desenterrar el oro de la tierra" (8).

---

[13] Crossan en *The Historical...*, ob. cit., pág. 305.
[14] Ibid., pág. 309.
[15] Ibid., pág. 311.
[16] Hull: ob. cit., pág. 60, citado por Crossan en *The Historical...*, ob. cit., pág. 308.

Antes que nada, debemos señalar que García Márquez llama a los imanes "fierros mágicos" (8). Y la verdad es que a partir de "el milagro de los imanes"[17] a estos fierros bien se les podría llamar eso, fierros milagrosos, especialmente si consideramos que, como ya se explicó anteriormente, entre magia y milagro existe una línea muy borrosa.

De esta manera, entonces, los imanes tienen un efecto mágico-milagroso en la gente de Macondo pues es evidente que cuando Melquíades

> Fue de casa en casa arrastrando dos lingotes metálicos [...] todo el mundo se espantó al ver que los calderos, las pailas, las tenazas y los anafes se caían de su sitio, y las maderas crujían por la desesperación de los clavos y los tornillos tratando de desenclavarse, y aun los objetos perdidos desde hacía mucho tiempo aparecían por donde más se les había buscado, [...]. (8)

La reacción de la gente es de espanto, no pueden encontrar una explicación a tal misterio. Y en medio de todo esto, José Arcadio Buendía aprovecha la oportunidad para obtener un bien personal: "servirse de aquella invención inútil para desentrañar el oro de la tierra" (8). En esta forma se establece un paralelismo entre la manera en que el patriarca de *Cien*

---

[17]   Término usado por Michael Palencia-Roth en "Los pergaminos de Aureliano Babilonia", University of Illinois, sin número de edición, año de edición, ni número de página.

años de soledad, José Arcadio Buendía, usa los fierros mágico-milagrosos, y la forma en que muchos católicos usan el concepto de milagro; esto es: para bien personal. Se me antoja pensar que es por medio de este paralelismo que se lleva a cabo la desmitificación del concepto de milagro, ya que se le reduce a un simple instrumento para obtener bienes de carácter temporal. Y esto no es todo. Me parece que García Márquez continúa con el proceso desmitificador al declarar que los fierros mágico-milagrosos son simplemente una "invención inútil" (8). Como si con esto sugiriera que el concepto de milagro es en sí una invención inútil, al servicio de los ingenuos, quienes lo usan para satisfacer necesidades temporales y mundanas. En tal caso, la sentencia es definitiva, dice Melquíades: "Para eso no sirve" (8). El milagro, equivalente a los imanes, en estas circunstancias, está destinado al fracaso y tendrá el mismo final que tuvo la aventura de José Arcadio Buendía: encontrar "una armadura del siglo XV […] cuyo interior tenía la resonancia hueca de un enorme calabazo lleno de piedras" (8) en lugar de oro. Por lo tanto, Juzgo que el autor de *Cien años de soledad*, de una manera muy sutil, insinúa que el creer en milagros no es más que una esperanza hueca que debe descartarse. Y de ahí que el concepto de milagro, según yo, sufra una nueva desmitificación.

Ahora bien, desde el punto de vista de la Iglesia tradicional se dice que los milagros son signos que fortalecen la fe del creyente. Según el catecismo,

'[…] para que el homenaje de nuestra fe fuese conforme a la razón, Dios ha querido que los auxilios interiores del Espíritu Santo vayan acompañados de las pruebas exteriores de su revelación' […]. Los milagros de Cristo y de los santos […] 'son signos ciertos de la revelación, adaptados a la inteligencia de todos', 'motivos de la credibilidad que muestran que el asentimiento de la fe no es de modo alguno un movimiento ciego del espíritu' […].[18]

Y más, en el mismo catecismo se nos habla de los milagros llevados a cabo por Jesucristo como prueba de que su Padre lo envió:

Los signos que lleva a cabo Jesús testimonian que el Padre le ha enviado […]. Invitan a creer en Jesús […]. Concede lo que le piden a los que acuden a él [sic] con fe […]. Por tanto, los milagros fortalecen la fe en Aquel que hace las obras de su Padre: éstas testimonian que él es Hijo de Dios […]. A pesar de tan evidentes milagros, Jesús es rechazado por algunos […].[19]

---

[18] *Catecismo de la Iglesia Católica*, Asociación de Editores del Catecismo, España (Madrid), Ed. Coeditores Litúrgicos ET ALII-LIBRERÍA EDITRICE VATICANA, 1992, No. 156, pág. 44.

[19] Ibid., No. 548, pág. 129.

Los milagros de Jesucristo, dice el catecismo, también sirven para probar que Él es el Mesías anunciado: "Jesús acompaña sus palabras con numerosos 'milagros, prodigios y signos' [...] que manifiestan que el Reino está presente en Él. Ellos atestiguan que Jesús es el Mesías anunciado".[20]

En resumen, la Iglesia tradicional no solamente predica los milagros llevados a cabo por Jesucristo en el Nuevo Testamento, sino que confirma que todavía se llevan a cabo por intercesión de sus santos y algunos devotos.

Por otro lado, con un punto de vista completamente opuesto al de la doctrina oficial de la Iglesia católica, encontramos a aquellos estudiosos que indagan al respecto, usando como medio la Teología histórica.

De esta manera tenemos por ejemplo que

> [David] Strauss convenció a sus estudiantes que la crítica histórica era necesaria para poder encontrar la 'verdadera' historia sobre los milagros de Jesús, puesto que debían aceptar como 'hecho' que los milagros, según la filosofía de David Hume [...] y El Siglo de las Luces, simplemente no ocurrieron, y que todo en la vida tiene una explicación 'natural'.[21] (tm)

---

[20] Ibid., No. 547, págs. 128-9.

[21] Sungenis, Robert. "Fr. Raymond Brown and the Demise of Catholic Scripture". Catholic Apologetics International. Publicado (sin fecha). Recuperado 17 abril 2004 <http://www.catholicintl.com/epologetics/articles/pastoral/fr-ray-brown-print.htm>

Cabe mencionar, dice Francis J. Beckwith, que "El reclamo de que Dios ha actuado milagrosamente en la historia ha sido parte del arsenal de cada importante apologista cristiano hasta aproximadamente mediados del siglo dieciocho"[22] (tm); antes de esta fecha no se había cuestionado de una manera sistemática la autenticidad de los milagros de Jesucristo. Sin embargo, continúa Beckwith, "A causa de lo que J.K.S. Reid llama 'su carácter devastador', el ensayo de Hume provocó que los cristianos reexaminaran su estrategia apologética creando [y vuelve a citar a Reid] 'un movimiento que no presentaba la profecía ni el milagro como pruebas externas [...]' "[23] (tm). Y como consecuencia, asegura Hans Küng,

> Ni el discurso religioso moderno sobre los milagros presente en todas partes, ni el hablar de una forma arcaica e igualmente evasiva sobre 'las grandes obras de Dios' o 'actos de poder', ni siquiera una 'narración' directa sobre los acontecimientos milagrosos hacen desaparecer la pregunta propuesta por David Hume y John Stuart Mill: ¿Es posible que se acepten los milagros —intervenciones sobrenaturales— si se entienden, no de una manera vaga, sino en el sentido estricto moderno, como violaciones de las leyes de la

---

[22] Francis J. Beckwith: *Daid Hume's Argument Against Miracles: A Critical Analysis*, Las Vegas, Lanham, New York, London, University Press of America, Inc., University of Nevada, 1989, pág. 1.

[23] Ibidem y cita a J. K. S. Reid.

naturaleza por Dios? Como cristianos, ¿debemos creer **tales** milagros? ¿Qué dice la ciencia de la historia crítica sobre eso que las ciencias naturales consideran como imposible?[24] (tm)

Lo que dice es esto:

Según el mismo Küng, "hasta los Padres de la Iglesia junto con los apologistas modernos han considerado los milagros como restringidos, esencialmente a los tiempos del origen de la Iglesia"[25] (tm), ya que

Cualquier análisis cuidadoso revela el hecho de que muchas narraciones y particularmente las de la tormenta y el caminar en el lago; la multiplicación de los panes y la de la resurrección de los muertos han sido elaboradas y estilizadas de acuerdo a motivos del Viejo Testamento (particularmente de los Salmos).[26] (tm)

Aunque también se puede encontrar influencia proveniente de otras fuentes, aparte del cristianismo. En este caso, dice Küng:

[…] las primeras comunidades cristianas compartieron el entusiasmo de sus contemporáneos

---

[24]   Hans Küng: *On Being a Christian*, trad. por Quinn, Edward, New York, Doubleday & Company, Inc./Garden City, 1966, pág. 227.

[25]   Ibid., pág. 226.

[26]   Ibid., pág. 233.

> por los milagros, y no se puede excluir la
> posibilidad de que ellos le hayan transferido a
> Jesús **temas y material que no provenían** del
> cristianismo con la finalidad de poner énfasis
> en su grandeza y en su autoridad. Esta clase de
> cosas pasó con los grandes 'fundadores de las
> religiones', cuya fama se acentuó con historias de
> milagros.[27] (tm)

Viendo esta cuestión más en detalle, podríamos decir que prueba de esto es la semejanza existente entre los milagros del Nuevo Testamento y los del mundo pagano. Por ejemplo:

> La moneda (o perla) en la boca del pez es un motivo
> muy generalizado de fábulas tanto en el judaísmo
> como en el helenismo [...]. La transformación
> del agua en vino —documentado, curiosamente
> solamente en Juan— es una característica bien
> conocida en el mito y culto de Dionisio. Ambos,
> Tácito y Suetonio relatan la cura del hombre ciego
> por Vespasiano con el uso de saliva. Lucio nos
> habla de un hombre que carga su catre después
> de haber sido curado. Hay un parecido muy
> marcado, con lujo de detalle, entre la resurrección
> de una mujer joven frente a las puertas de Roma,
> atribuida a Apolonio de Tiana, un contemporáneo

---

[27] Ibid., pág. 232.

de Jesús, y la resurrección del hombre joven en Nain.[28] (tm)

Ahora bien, con respecto a la autenticidad de los milagros se puede decir que

> El hecho de que Jesús también hizo milagros es importante para los evangelistas y su tiempo. Sin embargo, ni la ciencia histórica ni las ciencias naturales se habían desarrollado en ese tiempo. Y, después de todo, ¿por qué no serían apropiados modos de representación y maneras de expresión como épicas e himnos, mitos y sagas para testificar la actividad del Dios vivo? Nadie pensó en aquel tiempo en una explicación científica o en una subsecuente investigación de un milagro. Los evangelistas nunca describen como se dio el evento milagroso. No hay diagnosis médicas de los enfermos ni tampoco información sobre los factores terapéuticos. ¿Y por qué debería haberlos? Los evangelistas no quieren meterse en el evento que reportan. Ellos lo elevan. Ellos no lo explican, sino lo exaltan. La función de las narraciones milagrosas no es proporcionar una descripción, sino estimular admiración: No hay en sí un intento para exigir fe en la existencia de los

---

[28]   Ibidem.

milagros o en el hecho de que este o ese evento es realmente un milagro. Lo que se requiere es fe en Dios quien actúa por medio del hombre que hace estas cosas y de cuya actividad son los signos de obras milagrosas.[29] (tm)

En estos tiempos modernos, pues, encontramos una exégesis basada en el método científico histórico-crítico que ha puesto en tela de juicio la credibilidad de los milagros. "Los teólogos americanos Lawrence Burkholder y Harvey Cox [dice Beckwith] explican que el ensayo de Hume es la razón principal por la cual muchos pensadores del siglo veinte [y ahora veintiuno] han rechazado los milagros"[30] (tm). Por otro lado, continúa Beckwith,

[John Herman] Randall escribe que 'desde la crítica de Hume con respecto a los milagros en el siglo dieciocho, religiosos liberales han rehusado creer en cualquier interferencia con el orden de la ley natural [...]. En el siglo dieciocho los milagros eran el apoyo principal de la fe; en el siglo siguiente se transformaron en el problema principal que había que explicar'.[31] (tm)

---

[29]   Ibid., pág. 228.
[30]   Beckwith: ob. cit., pág. 1 cita a: Lawrence Burkholder y Harvey Cox.
[31]   Ibidem. Cita a: John Herman Randall

Y más, agrega el mismo Beckwith:

> Esto no quiere decir que Hume destruyó
> completamente el uso de milagros en la filosofía
> de la religion cristiana [...], al contrario, alteró
> tanto el curso del debate, de tal manera que los
> filósofos y teólogos cristianos, en su mayoría,
> han optado por evitar cualquier apología sobre las
> evidencias.[32] (tm)

Por su parte, Hans Küng observa que "La tradición de
los milagros [de Jesús] se ha disputado más que la palabra
tradición. Milagro, 'el queridísimo niño de la fe' de acuerdo
a Goethe, en la edad de las ciencias naturales y la tecnología
se ha transformado en el niño más débil de la fe"[33] (tm). No
olvidemos que "[...] los milagros se entendían [tanto en el
Nuevo Testamento como en la antigüedad pagana] no como
algo contrario a la ley natural sino como algo que despertaba
admiración [...]"[34] (tm). No se puede decir que los hechos para
los que no se tiene una explicación lógica son el resultado de
la intervención divina, al contrario,

> Aun hoy [por ejemplo], hay algunos casos que
> no tienen una explicación clínica. Y la medicina
> moderna, que ha reconocido ahora más que nunca

---

[32] Ibid., págs. 1-2.
[33] Küng: *On Being...*, ob. cit., pág. 226.
[34] Ibid., pág. 228.

el carácter psicosomático de un gran número
de enfermedades, se da cuenta de increíbles
curaciones como resultado de extraordinarias
influencias psicológicas, de una confianza
infinita, de 'fe.' Por otro lado, la más temprana
tradición evangélica incluye casos en los cuales
Jesús no pudo hacer ni un milagro —como en su
propio pueblo de Nazaret— ya que se adolecía de
fe y confianza. Tales cosas pueden ser recibidas
solamente por el que cree. Las curaciones de
Jesús no tienen nada que ver con la magia o con
la hechicería en donde la persona es subyugada
en contra de su voluntad. Curaciones de gente
'poseída', en particular, debieron haber ocurrido.
No hay razón para excluir este elemento exorcista
de la tradición. La enfermedad frecuentemente se
asociaba con el pecado, y el pecado con demonios.
Y particularmente esas enfermedades que
conducían a serios desórdenes de la personalidad,
enfermedades mentales con síntomas bastante
impresionantes (por ejemplo, cuando se echaba
espuma por la boca como en el caso de la
epilepsia), eran atribuidas, en ese tiempo, y
después durante muchos siglos, a un demonio
que se había posesionado de ese hombre enfermo.
[Y] [...] en la ausencia de instituciones para esta
gente, frecuentemente había confrontaciones
en público con los enfermos mentales, esos que

obviamente no estaban en control de sí mismos.
La cura de tal enfermedad —por ejemplo, un loco
en la sinagoga o un epiléptico— era considerada
como una victoria sobre el Demonio que había
dominado a la persona enferma.[35] (tm)

En conclusión, no podemos descartar que "lo que
realmente sucedió [en los Evangelios, en relación a las historias
milagrosas de Jesucristo, por ejemplo el enfrentamiento que
tuvo con el endemoniado de Cafarnaúm (Marcos: 1, 23-26)]
fue aumentado, embellecido y realzado en el curso de cuarenta
a setenta años de tradición oral"[36] (tm). Y es esta perspectiva
precisamente la que constituye el apoyo a la desmitificación
que Gabriel García Márquez, según lo veo, hace en su obra
maestra sobre el concepto de milagro.

A. Levitación

Siguiendo con el mismo tema, voy ahora a considerar
algunos de los milagros a que se hace referencia en *Cien años
de soledad.*

El primero de éstos es el milagro de la levitación.

En la novela de Gabriel García Márquez encontramos que
el padre Nicanor al terminar su "misa campal" y

---

[35] Ibid., pág. 230
[36] Ibidem.

[…] cuando los asistentes empezaron a desbandarse, levantó los brazos en señal de atención.

—Un momento —dijo—. Ahora vamos a presenciar una prueba irrebatible del infinito poder de Dios.

El muchacho que le había ayudado a misa le llevó una taza de chocolate espeso y humeante que él se tomó sin respirar. Luego se limpió los labios con un pañuelo que sacó de la manga, extendió los brazos y cerró los ojos. Entonces el padre Nicanor se elevó doce centímetros sobre el nivel del suelo. Fue un recurso convincente. Anduvo varios días por entre las casas, repitiendo la prueba de la levitación mediante el estímulo del chocolate, mientras el monaguillo recogía tanto dinero en un talego, que en menos de un mes emprendió la construcción del templo. Nadie puso en duda el origen divino de la demostración, salvo José Arcadio Buendía, que observó sin inmutarse el tropel de gente que una mañana se reunió en torno al castaño para asistir una vez más a la revelación. Apenas se estiró un poco en el banquillo y se encogió de hombros cuando el padre Nicanor empezó a levantarse del suelo junto con la silla en que estaba sentado.

—Hoc est simplicissimum —dijo José Arcadio Buendía—: homo iste status quartum materiae invenit.

> El padre Nicanor levantó la mano y las cuatro
> patas de la silla se posaron en tierra al mismo
> tiempo.
>
> —Nego —dijo—. Factum hoc existentiam
> Dei probat sine dubio. (92-93)

"Como si la parodia de un 'milagro' inherente en la levitación del sacerdote no fuera suficiente, García Márquez lleva las cosas un poco más allá. Nicanor repite el 'acto' de levitación cuando el Dr. Noguera va a ser fusilado y recibe un culatazo por hacer esto [...]"[37] (tm). El incidente sucede así: "Sacaron a rastras al doctor Noguera, lo amarraron a un árbol de la plaza y lo fusilaron sin fórmula de juicio. El padre Nicanor trató de impresionar a las autoridades militares con el milagro de la levitación, y un soldado lo descalabró de un culatazo" (111).

Como se puede ver, la desmitificación del milagro de la levitación se lleva a cabo utilizando el elemento cómico-carnavalesco, pues es verdaderamente irrisorio el que una taza de "chocolate espeso y humeante" ocasione que el padre Nicanor se eleve "doce centímetros del nivel del suelo". Es igualmente irrisorio el que un soldado apacigüe al cura descalabrándolo "de un culatazo". No podemos ignorar, por otra parte, el que este acto se convierta en una especie de truco, de charlatanería por medio del cual el padre embauca a la gente y así obtiene dinero para construir el templo.

---

[37]   Miller: ob. cit., pág. 93.

Sin embargo es José Arcadio Buendía quien mejor desmitifica la supuesta experiencia mística al desenmascarar la "prueba irrebatible del infinito poder de Dios", pues, según él, Aureliano Buendía, esto es muy sencillo de explicar. No se trata de un milagro, sino más bien de que el padre Nicanor ha encontrado el cuarto estado de la materia,[38] y, por lo tanto, el dicho milagro no prueba la existencia de Dios sin lugar a duda, pues este hecho se reduce a un fenómeno natural, no a uno sobrenatural.

Viéndolo desde el punto de vista de la doctrina oficial de la Iglesia católica, el milagro de la levitación está comprendido en lo que ella misma ha llamado 'misticismo'. "De hecho —como dice Federico Kukso—, por siglos la levitación era considerada un Signum Dei, es decir, signo de divinidad, un salvoconducto a la beatificación o canonización de santos en los tribunales teológicos católicos"[39] Si bien la levitación es un acto místico, para que este acto se dé, debe existir una revelación. Y aquí James Akin nos reporta que

> [...] El cardenal Ratzinger [quien era jefe de la Congregación para la Doctrina de la Fe, institución antiguamente conocida como Santa

---

[38] Se refiere al Plasma. Cf. "Plasma: ElCuarto estado de la materia". (Sin autor). Genciencia. Publicado 12 de enero de 2006. Recuperado 23 de abril de 2009 <http://www.genciencia.com/fisica/plasma-el-cuarto-estado-de-la-materia#blog-comments>.

[39] Kukso, Federico. "Por los aires". Página 12. Publicado 8 noviembre 2003. Recuperado abril 28 2009 <http://www.pagina12.com.ar/diario/suplementos/futuro/13-621-2003-11-10.html>.

Inquisición] hace notar que "la enseñanza de la Iglesia distingue entre revelación pública' y 'revelación privada'". Lo que es sorprendente para algunos, es lo que a continuación agrega: "las dos realidades se diferencian no solamente en **grado** pero también en **esencia** [...]." Esto nos dice que la diferencia entre revelación pública y privada no es simplemente que la revelación pública se les manifiesta o crea una obligación en todos, mientras la revelación privada se les manifiesta o crea una obligación en solamente algunos (restringida por tiempo, lugar o identidad). Pero hay aun más: la revelación pública y privada son dos **clases** diferentes de revelación.[40] (tm)

¿Y cómo son diferentes? Veamos.

La revelación pública es la palabra de Dios manifestada a los humanos por medio de la tradición, el Viejo y el Nuevo Testamento. Todos los católicos, bajo pena de pecado mortal, están obligados a aceptar y a creer en dicha revelación. La revelación pública termina con el Nuevo Testamento.[41]

Por otro lado, la revelación privada se refiere a todas las visiones y revelaciones que han tenido lugar desde que se reveló

---

[40] Akin, James. "Revelation: Public and Private". Catholic Answers. Publicado (sin fecha). Recuperado 30 enero 2004 <http://www. catholic.com/thisrock/2000/00116t.asp>.
[41] Cf. Ibidem.

el Nuevo Testamento.[42] Y puesto que no se sabe realmente si esta clase de revelación viene directamente de Dios, los católicos no están obligados a aceptarla, y consecuentemente no se impone castigo alguno si así lo deciden.[43]

Ya que no se sabe si las revelaciones privadas vienen directamente de Dios, esto implica que la Iglesia debe discernir su origen; esto es, debe identificar si es una revelación verdadera procedente del Omnipotente, o, por el contrario, si es trabajo del Demonio, o simplemente de humanos.[44]

Para llevar a cabo esta tarea, la Iglesia se vale de unas especificaciones contenidas en un documento que saliera a la luz en febrero de 1978, editado por la Sagrada Congregación para la Doctrina de la Fe. Dicho documento se envía, de forma más o menos secreta, a los obispos en todo el mundo, para que éstos tengan una directriz al considerar casos de revelación privada.[45] Vale la pena comentar que recientemente, en el 2003, el Vaticano decidió revisar este documento, a causa del inmenso número de revelaciones privadas que se reportaron en diferentes partes del mundo, pero desafortunadamente, como declarara un oficial del Vaticano, quien pidió no ser

---

[42] Cf. Ibidem.

[43] Cf. Ibidem.

[44] Cf. Joseph, Peter Fr. "Private revelations: Keep to what is countenanced by the Church". AD2000, Vol 13 No 1, Reimpreso Febrero 2000, pág. 20. Recuperado 23 Junio 2004 <http://www.ad2000.com.au/articles/2000/feb2000p20_38.html>.

[45] Cf. Thavis, John – CNS. "Assessing apparitions: Vatican considers guidelines to help bishops". Publicado (sin fecha). Recuperado 3 Septiembre 2004 <http://www.the-tidings.com/2003/cns0131.htm>.

identificado: "a la fecha no hemos escrito ni una sola palabra"[46] (tm).

Si ahora consideramos la posición de la Teología histórica con respecto a este punto, tendríamos que decir desde ahora que el misticismo en general y la levitación en particular no gozan de ningún apoyo bíblico.[47]

> [...] ni en el Viejo ni en el Nuevo Testamento existe la idea de la oración interior u oración del corazón; no hay invitación alguna para observar, describir o analizar experiencias o estados místicos. No se encuentran las etapas ascendentes en la oración mística que conducen al éxtasis, y no hay énfasis en ninguna oración que presuponga un don religioso especial.[48] (tm)

Al contrario, la Iglesia siempre ha visto el misticismo con cierta desconfianza, especialmente en ocasiones en que éste se convierte en una amenaza contra su doctrina oficial. De ahí que Hans Küng pregunte: "¿[...] no es sorprendente entonces que en dondequiera que el misticismo en el cristianismo amenazó con ser la cosa principal en lugar de un enriquecimiento,

---

[46]   Cf. Ibidem.

[47]   Cf. Alnor, Jackie. "Offer it up: Stigmatas, Suffering and the Catholic Church". Cultlink, Publicado marzo 2 2003. Recuperado 19 Diciembre 2005 <http://cultlink.com/CathAnswers/Stigmata.htm>.

[48]   Hans Küng: *Christianity: Essence, History, and Future*, trad. Por Bowden, John, New York, Ed. Continuum, 1994, pág. 452.

encontró resistencia?"[49] (tm). Y luego comenta: "Aun más, **conflictos con la Iglesia Católica Romana oficial**, que temía perder el monopolio de la comunicación de la palabra y el sacramento, acompañaron el surgimiento del misticismo como una sombra"[50] (tm). Con razón "Los escritos de los místicos, hombres y mujeres, eran constantemente sospechosos; por supuesto, grandes místicos tales como Meister Eckhart, Teresa de Ávila, Juan de la Cruz y Madame Guyon […] fueron perseguidos por la Inquisición"[51] (tm). Y en otro caso,

> Aun cuando la gente se amontonaba en cualquier monasterio al que [San] Joseph [de Copertino] asistía, con la esperanza de presenciar sus habilidades milagrosas, la Iglesia católica se avergonzaba de sus frecuentes levitaciones; de tal manera que, finalmente, le prohibió celebrar misa en público, lo trasladaba de lugar en lugar, y lo obligó a comer sus alimentos en privado.[52] (tm)

Por eso es que actualmente "[…] el misticismo tiene aún una existencia marginada en la esfera teológica y de la Iglesia"[53]

---

[49] Ibid., pág. 450.
[50] Ibidem.
[51] Ibidem.
[52] Harvey-Wilson, Simon. "Human Levitation". Publicado (sin fecha). Recuperado 25 enero 2004 <http://greyfalcon.us/restored/HUMAN%20LEVITATION.htm>.
[53] Küng: *Christianity…*, ob. cit., pág. 451.

(tm). Aparte de que "[…] la cosa más importante es que el mismo **Jesús no** era un **místico**"[54] (tm).

Habiendo establecido la posición de la Iglesia tradicional y la de la Teología histórica, y teniendo en mente que las revelaciones privadas tienen que ver directamente con el misticismo, y dentro de este misticismo encaja la levitación,[55] al considerar nuevamente la experiencia del padre Nicanor tendríamos que decir que se trata de una revelación privada, y como tal, debemos preguntarnos si esta revelación privada viene de Dios o, por el contrario, si es obra del Demonio, o es simplemente percepción humana.

Según José Arcadio Buendía, como ya se indicó, la levitación del sacerdote se debe a que éste ha encontrado el cuarto estado de la materia que tiene que ver más con la ciencia de la física o lo natural que con lo divino o sobrenatural. Para José Arcadio Buendía la levitación no es una "prueba irrebatible del infinito poder de Dios" (92), para él todo esto tiene únicamente un sentido científico. Es por esta razón que "se empecinó en no admitir vericuetos retóricos ni trasmutaciones de chocolate, y exigió como única prueba el daguerrotipo de Dios" (93) y luego cuando el "padre Nicanor le llevó […] medallas y estampitas y hasta una reproducción del paño de la Verónica, […] José Arcadio Buendía los rechazó por ser objetos artesanales sin fundamento científico" (93).

---

[54]   Ibid., pág. 449.
[55]   Cf. Brian, Allan. "The Poltergeist Dimension". Publicado (sin fecha). Recuperado 3 septiembre 2004 <http://www.ellisctaylor. com/poltergeistenigma.html>.

¿Está José Arcadio Buendía en lo correcto? ¿Qué acaso la experiencia del padre Nicanor no es una revelación divina?

Bueno, veamos si el cura es la clase de persona a quien Dios le otorgaría este don tan especial. Porque debemos tener en cuenta que en la tradición cristiana el misticismo es una especie de regalo que Dios hace a determinadas personas sin que éstas necesariamente lo merezcan.[56]

De acuerdo a Gabriel García Márquez, "El padre Nicanor Reyna [...] era un anciano endurecido por la ingratitud de su ministerio. [Y] Tenía [...] una expresión de ángel viejo que era más de inocencia que de bondad" (91). Esto me indica que es uno de esos pastores común y corrientes que poco tienen de espiritualidad. Pues, es claro, según García Márquez, que se quedó en Macondo con las más buenas intenciones; esto es, de meter las ovejas descarriadas al redil. Sin embargo, al final de cuentas fracasó en su intento de evangelización y "Cansado de predicar en el desierto, [...] se dispuso a emprender la construcción de un templo, el más grande del mundo" (91), o sea, se torna a lo material. De ahí que, según las características que nos presenta el escritor colombiano, el padre Nicanor no reúne los requisitos para ser esa persona escogida por Dios, pues por ningún lado se le ve que sea un hombre pío. Y no hay que olvidar que "Solamente aquellos cuya vida está marcada por la penitencia y purificación emocional alcanzan estados

---

[56] Cf. "Mysticism: General Information". (Sin autor). Publicado (sin fecha). Recuperado 16 noviembre 2004 <http://mb_soft.com/balieve/txc/mystic.htm>.

místicos"[57] (tm). El padre Nicanor carece de estas cualidades espirituales. En lugar de pasar por los estados de purificación e iluminación para luego llegar a la unión con el Ser Supremo, se vale de una vulgar taza de "chocolate espeso y humeante" (92) la cual supuestamente lo conduce a su experiencia mística.

Y esto no es todo. Eso de andar "varios días por entre las casas, repitiendo la prueba de la levitación mediante el estímulo del chocolate, mientras el monaguillo recogía tanto dinero en un talego" (92) le resta credibilidad como persona mística, y según la Iglesia, para que una revelación sea auténtica no debe estar ligada a ningún beneficio económico.[58]

Para concluir, tendríamos que decir, entonces, que la desmitificación del acto de levitación en *Cien años de soledad* encuentra eco principalmente en las palabras de José Arcadio Buendía en el sentido de que se trata del cuarto estado de la materia y de ninguna manera de un acto milagroso. Y aparte de esta razón, y las otras ya expuestas, la desmitificación del acto místico del padre Nicanor podría afirmarse si vemos las cosas de otra manera, pues según Fr. Peter Joseph, el Demonio también puede producir el fenómeno de levitación.[59] De hecho "Casi todo el tiempo […] revelaciones falsas se apoyan en milagros falsos. Un milagro falso es cualquier cosa que un demonio, o mago o hipnotista hace. La hipnosis de las masas

---

[57] Cf. Ibidem.

[58] Cf. "Norms and Process for Judging Private Revelations". (Sin nombre). Publicado (sin fecha). Recuperado 20 mayo 2004 <http://www.udayton.edu/mary/resources/newsltr.html>.

[59] Cf. Joseph: ob. cit.

es el mayor milagro que se lleva a cabo por estos místicos"[60]
(tm). ¿Quién podría decir que éste no es el caso del padre
Nicanor Reyna; el que como mago haya llevado a cabo una
hipnosis a las masas? Es curioso observar que "Durante la
Edad Media y el Renacimiento se consideraba a la levitación
como una manifestación del Demonio. Se decía que era un
fenómeno raro generado por la brujería, hadas, fantasmas o
demonios. Aun la levitación actual, se piensa que tiene que ver
con casos de posesión diabólica"[61] (tm). Y para terminar esta
discusión, escuchemos lo que Hans Küng dice con respecto a
los supuestos místicos como el padre Nicanor:

> [...] a partir de la segunda mitad del siglo
> diecinueve [...] físicos, psicólogos, neurólogos
> y filósofos desde el psiquiatra Parisiense J. M.
> Charcot, pasando por Williams James y llegando
> a Sigmund Freud, [...] se refieren a los místicos
> como a unas extremadamente interesantes y
> anormales figuras quienes necesitan cuidado
> clínico psiquiátrico [...].[62] (tm)

Estos argumentos, entonces, sirven como apoyo a la
desmitificación que, a criterio mío, Gabriel García Márquez
hace del milagro de la levitación.

---

[60] Ibidem.

[61] Crystal, Ellie. "Levitation". Publicado (sin fecha). Recuperado 25
abril 2004 <http://www.crystalinks.com//levitation.html>.

[62] Küng: *Christianity...*, ob. cit., pág. 446.

B. La Resurrección de Cristo y El Juicio Final

El siguiente tema a tratar, y que se encuentra en *Cien años de soledad*, es el de la desmitificación del milagro de la Resurrección. Con respecto a esta cuestión me concentraré en la Resurrección de Cristo y la resurrección de todos los muertos en el Juicio Final.

En la novela del autor colombiano encontramos tres referencias paródicas ligadas a estos dos asuntos.

La primera referencia se manifiesta cuando Melquíades

[…]se metió en el agua por un mal camino y no lo encontraron hasta la mañana siguiente, varios kilómetros más abajo, varado en un recodo luminoso y con un gallinazo solitario parado en el vientre. Contra las escandalizadas protestas de Úrsula, que lo lloró con más dolor que a su propio padre, José Arcadio Buendía se opuso a que lo enterraran. "Es inmortal —dijo— y él mismo reveló la fórmula de la resurrección". (82)

La segunda referencia la encontramos en el momento en que

Poco antes de las cinco, Aureliano Segundo fue a buscar a Meme para el concierto, y se sorprendió de que la casa estuviera preparada para el funeral. Si alguien parecía vivo a esa hora era la serena

> Amaranta, a quien el tiempo le había alcanzado
> hasta para rebanarse los callos. Aureliano Segundo
> y Meme se despidieron de ella con adioses de
> burla, y le prometieron que el sábado siguiente
> harían la parranda de la resurrección. (295)

Y la tercera referencia la identificamos cuando

> El domingo de resurrección, el centenario padre
> Antonio Isabel afirmó en el púlpito que la muerte
> de los pájaros obedecía a la mala influencia del
> Judío Errante, que él mismo había visto la noche
> anterior. Lo describió como un híbrido de macho
> cabrío cruzado con hembra hereje, una bestia
> infernal cuyo aliento calcinaba el aire y cuya
> visita determinaría la concepción de engendros
> por las recién casadas. (358)

En relación a la primera cita, si es cierto, como dice
Ricardo Gullón, que "Melquíades ante todo. Inútil asignarle
una contrafigura simbólica precisa, una dimensión funcional
limitada: [...] será Lázaro al resucitar"[63], y yo digo, ¿por qué
no también Jesucristo y su resurrección? Si es así, entonces
la desmitificación de la Resurrección se manifiesta en el
momento en que encontramos a Melquíades "varado en un
recodo luminoso y con un gallinazo solitario parado en el

---

[63] Ricardo Gullón: *García Márquez o el olvidado arte de contar*, 3ª
ed., Madrid, Taurus Ediciones, S. A., 1970, pág. 63.

vientre." Esto indica que a pesar de que Melquíades, según José Arcadio Buendía, "él mismo" revelara "la fórmula de la resurrección", no va a resucitar, pues la imagen del gallinazo parado en su vientre, aparte de ser cómica, es una confirmación de la inminente descomposición que se ha iniciado en su cuerpo.

Especial atención en esta cita merecen las palabras "fórmula de la resurrección", pues evocan, a mi parecer, la Resurrección de Cristo, y en este caso, lejos de tratarse de un dogma de fe revelado por Dios, según lo considera la doctrina oficial de la Iglesia católica, García Márquez lo llama simplemente "fórmula". Es como si el autor, a mi juicio, con toda intención quisiera desmitificar la importancia a tal declaración de fe, y pretendiera reducirla, de esta manera, a una simple invención humana que, como se verá más adelante, carece de toda comprobación bíblica.

En lo que se refiere a la segunda cita, estimo que es demasiado obvia la burla que se hace, en este caso, de la resurrección de los muertos. Esto tiene relevancia especialmente si consideramos que Aureliano Segundo y Meme no celebrarán el acontecimiento en un contexto religioso, cargado supuestamente de seriedad y solemnidad como tradicionalmente se hace en la Iglesia católica, sino, al contrario, lo harán con algo tan mundano y banal como una parranda. En mi mente no cabe la menor duda que aquí la intención del autor es desmitificar, por medio de esta parodia, la resurrección de los muertos en el Juicio Final, según la ha enseñado la Iglesia católica a través de los siglos.

La tercera cita, según veo, también se refiere a la resurrección de todos los muertos en el Juicio Final. La desmitificación del suceso religioso se da en el momento en que el padre Antonio Isabel en su homilía, "el domingo de resurrección", diserta sobre el Judío Errante.[64] Este tema aparentemente nada tiene que ver con la resurrección de los muertos, pero si lo vemos de una manera más detenida, descubriremos que en realidad tiene una relación íntima con esta cuestión, especialmente si consideramos que según la leyenda, el Judío Errante dejará de vagar cuando Jesucristo venga por segunda vez al mundo, en la Parusía, es decir, en el fin del mundo, en el Juicio Final.

La desmitificación de la resurrección de los muertos, en este caso, se muestra en el momento en que el padre Antonio Isabel, con una imaginación tan viva, decide hablar una sarta de tonterías "el domingo de resurrección", día tan importante para la Iglesia católica, sobre lo que todo mundo sabe que es una leyenda, un cuento inventado por el hombre, sin fundamento bíblico.

Opino, entonces, que Gabriel García Márquez se vale de este recurso, el del Judío Errante y los desvaríos del cura, para sugerirnos precisamente que la resurrección de los muertos en el Juicio Final no es más que una leyenda.

Ahora veamos la posición de la doctrina oficial de la Iglesia católica con respecto a este suceso milagroso.

---

[64]   Cf. Oisteanu, Andrei. "The legend of the wandering Jew in Europe and in Romania". Editor: Dr. Felicia Waldman, Studia Hebraica I. Publicado (sin fecha). Recuperado 23 diciembre 2004 <http://www.unibuc.ro/eBooks/filologie/hebra/2-5.htm>.

Antes que nada consideremos lo que dice el catecismo de la Iglesia en cuanto a la muerte del Hijo de Dios:

> La muerte de Cristo fue una verdadera muerte en cuanto que puso fin a su existencia humana terrena. Pero a causa de la unión que su cuerpo conservó con la persona del Hijo, no fue un despojo mortal como los demás porque "la virtud divina preservó de la corrupción al cuerpo de Cristo" (S. Tomás de A., s. th. 3, 51, 3).[65]

Veamos ahora lo que se describe en el mismo catecismo con respecto a la Resurrección de Cristo. Es importante tener en mente que la Iglesia apoya el argumento de la resurrección en dos hechos: la evidencia de la llamada 'tumba vacía' y las apariciones de Cristo a sus discípulos.

Primero, la evidencia de la 'tumba vacía':

> ¿Por qué buscar entre los muertos al que vive? No está aquí, ha resucitado (Lc 24, 5-6). En el marco de los acontecimientos de Pascua, el primer elemento que se encuentra es el sepulcro vacío. No es en sí una prueba directa. La ausencia del cuerpo de Cristo en el sepulcro podría explicarse de otro modo (cf Jn 20, 13; Mt 28, 11-15). A pesar de eso, el sepulcro vacío ha constituido para todos un signo

---

[65] *Catecismo...*, ob. cit., No. 627, pág. 148.

esencial. Su descubrimiento por los discípulos fue el primer paso para el reconocimiento del hecho de la Resurrección. Es el caso, en primer lugar, de las santas mujeres (cf Lc 24, 3.22-23), después de Pedro (cf Lc 24, 12). "El discípulo que Jesús amaba" (Jn 20, 2) afirma que al entrar en el sepulcro vacío y al descubrir "las vendas en el suelo" (Jn 20, 6), "vio y creyó" (Jn 20, 8). Eso supone que constató en el estado del sepulcro vacío (cf Jn 20, 5-7) que la ausencia del cuerpo de Jesús no había podido ser obra humana y que Jesús no había vuelto simplemente a una vida terrenal como había sido el caso de Lázaro (cf Jn 11, 44).[66]

Segundo, la evidencia de las apariciones:

María Magdalena y las santas mujeres, que iban a embalsamar el cuerpo de Jesús (cf Mc 16, 1; Lc 24, 1) enterrado aprisa en la tarde del Viernes Santo por la llegada del Sábado (cf Jn 19, 31.42), fueron las primeras en encontrar al Resucitado (cf Mt 28, 9-10; Jn 20, 11-18). Así las mujeres fueron las primeras mensajeras de la Resurrección de Cristo para los propios apóstoles (cf Lc 24, 9-10). Jesús se apareció en seguida a ellos, primero a Pedro, después a los doce (cf 1 Co 15, 5). Pedro, llamado a

---

[66] Ibid., No. 640, pág. 152.

> confirmar en la fe a sus hermanos (cf Lc 22, 31-32),
> ve por tanto al Resucitado antes que los demás y
> sobre su testimonio es sobre el que la comunidad
> exclama: "¡Es verdad! ¡El Señor ha resucitado y se
> ha aparecido a Simón!" (Lc 24, 34).[67]

Y por último, notemos lo que nos comunica el catecismo con respecto al Juicio Final:

> La Iglesia enseña que cada alma espiritual es
> directamente creada por Dios […] y que es
> inmortal […]: no perece cuando se separa del
> cuerpo en la muerte, y se unirá de nuevo al cuerpo
> en la resurrección final.[68]

Analicemos ahora la contraparte a esta doctrina oficial.

En primer lugar tenemos que la autenticidad de la Resurrección basada en la teoría de la 'tumba vacía' y en las apariciones a los apóstoles, no es convincente. "**No** hay **evidencia directa** de una resurrección. No hay nadie en el Nuevo Testamento que reclame el haber sido testigo de la Resurrección. La Resurrección no se describe en ninguna parte"[69] (tm). Lo que sí se menciona, como ya se dijo anteriormente, y que se considera como prueba palpable de que Cristo volvió a la vida es 'la tumba vacía', pero aún

---

[67] Ibid., No. 641, pág. 152.
[68] Ibid., No. 366, pág. 87.
[69] Küng: *On Being...*, ob. cit., *pág.* 347.

con respecto a ésta, lo que pasa alrededor de ella es tan contradictorio que en lugar de traer certeza, contribuye a que haya más duda. Jeffery L. Sheler, por ejemplo, sostiene que

> Aun cuando hay un testimonio conflictivo con respecto a algunos detalles, el peso de evidencia textual presenta un caso con mucha fuerza en cuanto a que la tumba vacía era, por supuesto, parte de la tradición temprana del Evangelio. Las cuatro narraciones relatan el sorprendente descubrimiento por María Magdalena y otras, temprano en la mañana. Y sin embargo no están de acuerdo en cuanto a otros particulares. ¿Había tres mujeres visitando la tumba (Marcos), dos (Mateo) o una (Juan)? ¿Llegaron las mujeres antes del amanecer (Mateo, Juan) o después (Marcos)? ¿Se había removido la piedra de la entrada después (Mateo) o antes de que ellas llegaran (Marcos, Lucas, Juan)? ¿Había ángeles en el lugar de la tumba (Mateo, Marcos y Lucas, sí; Juan, no)? Tales desacuerdos textuales comúnmente se presentan como evidencia de que las historias fueron inventadas, o por lo menos embellecidas por una tradición cristiana más tardía.[70] (tm)

---

[70] Jeffrey L. Sheler: *Is the Bible true?: How Modern_Debates and Discoveries Affirm the Essence of the Scriptures,* United States of America, Harper San Francisco and Zandervan Publishing House, 1999, pág. 225.

¿Inventadas? Posiblemente. Al respecto, Alhaj D. Ajijola opina que

> [...] la doctrina de la Resurrección en la cual se apoya la creencia de muchos estudiosos es el trabajo exclusivo de San Pablo, ya que no existe nada en las enseñanzas de Jesús con respecto a este tema. San Pablo admitió que él había inventado este misterio cuando dijo: "Recuerden que Jesucristo, hijo de la familia de David, fue resucitado de entre los muertos de acuerdo a mi Evangelio" (II Timoteo 2:8).[71] (tm)

Por su parte Jeffery L. Sheler asegura que

> En sí no hay historias de la Resurrección en la Biblia, no hay testigos que hayan visto resucitar a Jesús de entre los muertos. Para los lectores modernos de los Evangelios así como para los que primero oyeron la proclamación cristiana, la Resurrección es principalmente una deducción procedente de dos piezas de información: el descubrimiento de la tumba vacía y el testimonio de los discípulos de Jesús en cuanto a que se les había aparecido en Jerusalén y Galilea.[72] (tm)

---

[71]   Alhaj D. Ajijola: *The Myth.of the Croos*, Chicago, Illinois, Ed. Kazi Publications, 1979, pág. 90 y cita a: San Pablo.
[72]   Sheler: ob. cit., pág. 225.

Y más adelante agrega: "Como observa Sanders, 'Nada es más misterioso que las historias de la Resurrección, las cuales intentaban presentar una experiencia que los autores mismos no podían comprender' "[73] (tm). Y la verdad es que se hace más difícil comprender estas historias ante la posibilidad de que Cristo ni siquiera haya sido sepultado después de su muerte. En cuanto a esto, el mismo Sheler indica que "Algunos estudiosos, John Dominic Crossan tal vez el más prominente, han argumentado que el cuerpo de Jesús no fue sepultado en absoluto, sino que lo dejaron colgando en la cruz para ser devorado por las aves de rapiña y los perros salvajes, puesto que eso es lo que se hacía con los rebeldes y los traidores ejecutados por los romanos"[74] (tm).

En resumen, "la Resurrección ha sido sometida a más interpretaciones históricas y disputas teológicas que cualquier otro principio cristiano"[75] (tm).

> Podemos [comprender] las innumerables historias de milagros del Nuevo Testamento **sin asumir intervención 'sobrenatural'—la cual no puede probarse**—de acuerdo a las leyes de la naturaleza. Parecería, por lo tanto, una retrogresión dudosa a ideas desacreditadas si de pronto postuláramos tal 'intervención' sobrenatural para el milagro de la Resurrección: esto constituiría una contradicción

---

[73]   Ibid., pág. 225 cita a: Sanders, E. P.: *The Historical Figure of Jesus*, London, Penguin Books, 1993, pág. 280.

[74]   Ibid., pág. 224.

[75]   Ibid., pág. 225.

al pensamiento científico así como a todas las convicciones y experiencias comunes. Entendida de esta forma, la Resurrección parece un estorbo para la fe del hombre moderno [...].[76] (tm)

A la luz de esta interpretación que constituye el contrapeso de la doctrina oficial de la Iglesia, el evento divino de la Resurrección parece más como una simple fórmula creada por humanos –similar a la que reveló Melquíades– que a una manifestada por el Poder Divino. Viéndolo de esta manera, no creo, pues, que sea una exageración decir que la desmitificación de la Resurrección de Cristo que, según veo yo, hace el escritor colombiano, encuentra apoyo en esta exégesis. Es decir, me parece que García Márquez, por medio de esta desmitificación, nos propone que veamos los milagros desde un punto de vista alegórico y no literal o dogmático. El prodigio visto de esta forma encuentra mucho acomodo en lo que muchos teólogos han expresado. Solamente para mencionar algunos de ellos:

Para Karl Rahner, dice Thomas Sheehan, "la Resurrección de Jesús no es en absoluto una 'resurrección de un cuerpo físico, material' [...]"[77] (tm). Y Phil LaFountain lo confirma al indicar que

---

[76] Küng: *On Being...*, ob. cit. pág. 346.

[77] Sheehan, Thomas. "The Dream of Karl Rahner". <u>The New York Review of Books</u>, Volume 29, Number 1. Publicado febrero 4, 1982. Recuperado 14 octubre 2005 <<u>https://www.nybooks.com/articles/6743</u>>.

> Rahner asegura [...] [que] la resurrección no es
> un evento histórico, fijo en un tiempo o espacio
> determinado, como la muerte de Jesús. Hay
> solamente una fe en la resurrección por parte
> de los discípulos, como "hecho único" [...].
> Lo que el testigo de la escritura ofrece son
> encuentros poderosos en los cuales los discípulos
> experimentan entre ellos el **espíritu** del Señor
> Jesús resucitado. La resurrección, en este sentido,
> no es un regreso a la vida en la esfera temporal,
> sino que significa el sello de Dios Padre sobre
> todo lo que Jesús representó y predicó en su vida,
> antes de la pascua.[78] (tm)

Para Hans Küng, "lo que significa la ascensión de Jesús
no es el que un cuerpo reviva. Aun en la versión de Lucas,
Jesús simplemente no regresó a la vida biológica para [...]
volver a morir"[79] (tm).

> [...] de acuerdo a la fe del Nuevo Testamento
> la ascensión es un acto de Dios, **no** puede ser

---

[78] Cf. LaFountain, Phil. "Karl Rahner (1904-1984*)*". MWT II,
      1998-1999. Publicado (sin fecha). Recuperado 30 agosto 2004
      <http://people.bu.edu/wwildman/weirdwildweb/courses/mwt/
      dictionary/mwt_them...>. Cf. Artículo actualizado: "Karl Rahner
      (1904-1984)". Boston Collaborative Encyclopedia of Western
      Theology. Editor: Derek Michaud, Incorporating material by Joas
      Adiprasetya (2005), Phil LaFountain (1999), and JeeHo Kim (1999)
      <http://people.bu.edu/wwildman/bce/rahner.htm>.

[79] Küng: *On Being...* ob. cit., págs. 357-358.

un evento **histórico** en el sentido estricto de la palabra: no es un evento que puede ser verificado por la ciencia histórica con la ayuda de métodos históricos. La ascensión de Jesús no es un milagro que viola las leyes de la naturaleza y que puede ser verificado en este mundo; tampoco es una intervención sobrenatural que puede ser localizada y fechada en el espacio y el tiempo. No había nada que fotografiar o documentar. Lo que puede ser históricamente verificado son la muerte de Jesús y después de ésta la fe y el mensaje de los discípulos después de la Pascua, pero ni la ascensión ni la persona ascendida pueden ser percibidas u objetivadas por métodos históricos.[80] (tm)

Obviamente Jesús no se fue de viaje al espacio. ¿En qué dirección hubiera ascendido, a qué velocidad y cuanto le hubiera llevado? Una ascensión en estos términos es inconcebible para el hombre moderno [...].[81] (tm)

La realidad de la resurrección en sí, por lo tanto, es completamente intangible e inimaginable. La resurrección y el ascenso son pictóricos, expresiones gráficas; son imágenes, metáforas, símbolos que corresponden a las formas de

---

[80]   Ibid., pág. 349.
[81]   Ibid., pág. 353.

> pensamiento de ese tiempo y que pueden, por
> supuesto, ser aumentadas para algo que es en sí
> intangible e inimaginable y sobre el cual —como
> Dios mismo— no tenemos ninguna clase de
> conocimiento directo.[82] (tm)

Y siguiendo la misma línea, John Mann nos hace saber que Edward Schillebeeckx sostiene algo similar a Rahner y Küng. Según Schillebeeckx, dice Mann, "La resurrección no es un retorno a la vida como en la historia de Lázaro, [...] ciertamente no es un milagro de intervención en la ley natural para ascender un cuerpo a la vida celestial"[83] (tm).

Y finalmente, debo mencionar, que en los últimos dos siglos, un gran número de intelectuales del hemisferio occidental han rechazado los milagros tales como el de la Resurrección de Jesús. "Y muchos eruditos cristianos están de acuerdo."[84] (tm)

Y ¿qué con respecto al Juicio Final? ¿Resucitarán los muertos?

Según Karl Rahner, dice Thomas Sheeha, no. Y explica que

---

[82]   Ibid., pág. 350.

[83]   Cf. Mann, John. "Justification". Publicado octubre 1993. Recuperado 1 diciembre 2004 <http://www.fountain.btinternet.co.uk/theology/justific.html> cita a: Schillebeeckx, Edward de "*God Among Us*", pág. 134.

[84]   Cf. Sider, Ronald J. "Jesus' Resurrection and the Search for Peace and Justice". Publicado (sin fecha). Recuperado 23 julio 2004 <http://www.religion-online.org/showarticle.asp?title=1351>.

> Él [Rahner] ve al hombre atado a **este** mundo sin la posibilidad de escaparse a un paraíso espiritual, y lo que el hombre sabe sobre Dios lo sabe al conocer al mundo. Eso a lo mejor no es mucho, pero para Rahner, esto es todo lo que tenemos.[85] (tm)

Después agrega el mismo Sheehan:

> Si quieres inmortalidad, dice Rahner en efecto, no creas que la vas a obtener al escapar de lo material y de la historia. En ese sentido la filosofía de Rahner con respecto al hombre está más cerca a Marx que a Platón, y tiene más en común con Nietzsche que con Plotinus.[86] (tm)

Y por último, declara nuevamente Sheehan:

> ¿Qué es, entonces, lo que pasa en la otra vida? Para Rahner, precisamente nada –puesto que no hay otra vida, no hay duración más allá del tiempo experimentado–. Tal vez queramos hablar sobre la salvación del hombre al hablar de eternidad, dice Rahner, pero eso "no significa que las cosas continúan después de la vida, como si, según lo puso Feverbach, solamente cambiáramos caballos y continuáramos el viaje". La muerte **es** el final del hombre; pero como un acto consumado; es la

---

[85]   Sheehan: ob. cit.
[86]   Ibidem.

"realización propia que incluye el resultado de lo
que un hombre ha hecho de sí mismo durante su
vida" y lo cual "viene a completarse con la muerte
y no **después** de ella". Aún más, si es la naturaleza
del hombre no estar nunca sin una relación con
la materia, y si uno asegura que el hombre es
inmortal en su totalidad y no solamente como
espíritu, entonces, según lo entiende Rahner, en la
muerte uno no abandona el mundo material, sino
que se introduce más profundamente en él y nos
transformamos en lo que él llama "todo-cósmico",
de alguna manera presente y en comunicación
con toda la realidad material, un "sistema abierto
hacia el mundo" y "una verdadera" influencia
ontológica en todo el universo.[87] (tm)

Para concluir el punto de la Resurrección de Cristo y de
los muertos en el Juicio Final, debo decir que, me parece,
entonces, que las palabras de José Arcadio Buendía con
respecto a que había sido Melquíades quien "reveló la fórmula
de la resurrección"; los adioses de burla de Aureliano Segundo
y Meme en cuanto a la promesa de celebrar la resurrección
de Amaranta "con una parranda"; y, por último, lo que dice
el padre Antonio Isabel en un Domingo de Resurrección con
relación al Judío Errante, y que indirectamente se liga al Juicio
Final, indican que Gabriel García Márquez, de una manera

---

[87]   Ibidem.

irónica, nos hace ver lo que Rahner, Küng, Schillebeeckx y muchos más nos han expresado de una manera más seria, esto es: que la Resurrección, según la ve la doctrina oficial de la Iglesia católica, no tiene ninguna razón de ser, porque es una leyenda inventada por los hombres.

C. El marianismo

El siguiente tema que voy a tratar dentro del mismo motivo del milagro tiene que ver con el culto a la madre de Jesucristo. Abordaré concretamente tres áreas: la Asunción, la Inmaculada Concepción y la Anunciación.

a. La Asunción

En *Cien años de soledad* encontramos el motivo de La Asunción de la Virgen María implícito en Remedios, la bella, quien

> [...] se quedó vagando por el desierto de la soledad, sin cruces a cuestas, madurándose en sus sueños sin pesadillas, en sus baños interminables, en sus comidas sin horarios, en sus hondos y prolongados silencios sin recuerdos, hasta una tarde de marzo en que Fernanda quiso doblar en el jardín sus sábanas de bramante, y pidió ayuda a las mujeres de la casa. Apenas habían empezado, cuando Amaranta advirtió que Remedios, la bella, estaba transparentada por una palidez intensa.

—¿Te sientes mal? —le preguntó.

Remedios, la bella, que tenía agarrada la sábana por el otro extremo, hizo una sonrisa de lástima.

—Al contrario —dijo—, nunca me he sentido mejor.

Acabó de decirlo, cuando Fernanda sintió que un delicado viento de luz le arrancó las sábanas de las manos y las desplegó en toda su amplitud. Amaranta sintió un temblor misterioso en los encajes de sus pollerines y trató de agarrarse de la sábana para no caer, en el instante en que Remedios, la bella, empezaba a elevarse. Úrsula, ya casi ciega, fue la única que tuvo serenidad para identificar la naturaleza de aquel viento irreparable, y dejó las sábanas a merced de la luz, viendo a Remedios, la bella, que le decía adiós con la mano, entre el deslumbrante aleteo de las sábanas que subían con ella, que abandonaban con ella el aire de los escarabajos y las dalias, y pasaban con ella a través del aire donde terminaban las cuatro de la tarde, y se perdieron con ella para siempre en los altos aires donde no podían alcanzarla ni los más altos pájaros de la memoria.

Los forasteros, por supuesto, pensaron que Remedios, la bella, había sucumbido por fin a su irrevocable destino de abeja reina, y que su familia trataba de salvar la honra con la patraña de la levitación. Fernanda, mordida por la envidia,

> terminó por aceptar el prodigio, y durante mucho
> tiempo siguió rogando a Dios que le devolviera las
> sábanas. La mayoría creyó en el milagro, y hasta
> se encendieron velas y se rezaron novenarios.
> (249-250)

Me parece que en esta cita es obvia la referencia a la Asunción de la Virgen. Ya Joaquín Marco lo mencionaba en su introducción a *Cien años de soledad*: "La elevación de Remedios la bella parece fácilmente relacionable con la Asunción de la Virgen."[88] También nos lo indica Ricardo Gullón:

> En Remedios la bella se repetirán elementos de
> la Ascensión, en el Nuevo Testamento [...]. El
> narrador la presenta como huésped: "no era un ser
> de este mundo". Su semejanza con la Virgen María
> se establece sin rodeos: a Úrsula —su bisabuela—
> le conturbaba tanta hermosura y tanto candor;
> "desde el vientre de su madre estaba a salvo de
> cualquier contagio", invulnerable a la tentación, a
> las asechanzas de los hombres, a la malevolencia
> [...]. Criatura "de pureza excepcional" [...].[89]

Y por último Carole Hamilton citando a Humberto E. Robles y a Roberto González Echevarría afirma lo mismo:

---

[88] Marco, Joaquín: ob. cit., pág. 34.
[89] Gullón: ob. cit., pág. 65.

Analizando incidentes específicos de lo fantástico,
Humberto E. Robles propone que el ascenso de
Remedios la Bella es una parodia de la Asunción
de la Virgen María. Roberto González Echevarría
llega a la misma conclusión pero nota un elemento
popular en las sábanas de la cama lo cual hace que
su ascenso sugiera 'las interpretaciones populares
del evento en estampitas religiosas'.[90] (tm)

La desmitificación del milagro de la Asunción en *Cien
años de soledad* se revela, pienso yo, cuando García Márquez
invoca cuestiones tan terrenales y comunes para sugerir el
evento religioso de la Asunción. Nuevamente Carole Hamilton
explica que

La ascensión de García Márquez yuxtapone
cómicamente las sábanas de la cama y la tarea
diaria de doblar la ropa con lo sagrado. Uno puede
ver la imaginación de García Márquez empezando
con la ascensión de una mujer cuya característica
principal no es la beatitud sino su cognado mundano,
la bella. García Márquez describe a Remedios la
Bella usando términos comúnmente reservados
para los santos: 'Remedios la Bella no era una

---

[90] Hamilton, Carole. "Overview of One Hundred Years of Solitude"
Publicado (sin fecha). Recuperado 12 febrero 2004 <http://galenet.
galegroup.com/servlet/LitRC?vrsn=3&OP=contains&locID=libe9
120>.

criatura de este mundo.' Palabras como 'milagro'
y 'espléndida' se usan en relación a ella; no lleva
'una cruz en su espalda,' y sin embargo tiene una
'sonrisa compasiva' que hace pensar en Cristo o
María justamente antes de su ascenso.[91] (tm)

La desmitificación también se muestra por medio de la
simple ocurrencia del escritor para disfrazar con la Asunción
de la Virgen un hecho que en la vida real podría causar
vergüenza y escándalo. El mismo García Márquez —según
Mario Vargas Llosa— lo ha explicado de esta manera:

Ésta es la fuente de la ascensión al cielo de
Remedios, la bella: "La explicación de esto
es mucho más simple, mucho más banal de lo
que parece. Había una chica que corresponde
exactamente a la descripción que hago de
Remedios la Bella en "Cien años de soledad".
Efectivamente se fugó de su casa con un hombre
y la familia no quiso afrontar la vergüenza y dijo,
con la misma cara de palo, que la habían visto
doblando unas sábanas en el jardín y que después
había subido al cielo... En el momento de escribir
prefiero la versión de la familia ... a la real [...][92]

---

[91] Ibidem.
[92] Mario Vargas Llosa: *García Márquez: Historia de un Deicidio*,
Barcelona, Barral Editores, S.A., 1971, págs. 108-109.

Y por último, creo que encontramos la desmitificación del milagro de la Asunción de María en la novela cuando García Márquez irónicamente apunta sobre Remedios, la bella: "La mayoría creyó en el milagro, y hasta se encendieron velas y se rezaron novenarios" (250).

En este caso, me parece que el elemento burlesco está presente en el hecho de que "la mayoría" creyó en este acontecimiento. Así, el evento milagroso de la Virgen María se desmitifica por medio de la ingenuidad de esa "mayoría" que cree y acepta todo sin cuestionar nada. A tal grado, que para reafirmarlo "hasta […] [enciende] velas y […] [reza] novenarios". Y es precisamente con respecto a esta mayoría que Noam Chomsky, por medio del teólogo luterano Reinhold Niebuhr, declara: "El razonamiento le pertenece al observador cuidadoso. Pero a causa de la estupidez del hombre común, éste no sigue tal razonamiento, sino la fe. Y esta fe ingenua, requiere de ilusiones necesarias"[93] (tm).

Ahora consideremos la posición oficial de la Iglesia católica referente a la Asunción de la Virgen.

En el catecismo se explica: "Finalmente, la Virgen Inmaculada, preservada libre de toda mancha de pecado original, terminado el curso de su vida en la tierra, fue llevada

---

[93]   Noam Chomsky: "Manufacturing Consent, Noam Chomsky and The Media". A film by Mark Achbar & Peter Wintonick, 1992 Necessary Illusions Productions, Inc. Package Design: Kevin Gaor, Zeitgeist Video cita a: Reinhold Niebuhr.

en cuerpo y alma a la gloria del cielo y elevada al trono por el Señor como Reina del universo [...]."[94]

Cabe mencionar que mientras la devoción a María ha existido por muchos siglos, el dogma de la Asunción tiene relativamente poco tiempo de existir; fue promulgado por el papa Pío XII en el año de 1950.[95]

A manera de aclaración, en este momento vale la pena hacer un pequeño paréntesis para indicar, a grandes rasgos, algunos hechos que nos ayudarán a comprender el origen del culto a María, y que llevarían con el correr del tiempo a la culminación del dogma de la Asunción.

La devoción nace en el Este, durante la Alta Edad Media.

El Este, particularmente Asia Menor, tenía toda una tradición de reverencia hacia las diferentes deidades femeninas que representaban la imagen de la madre (de una manera especial, las diosas vírgenes Artemisa y Diana). Esta situación ayudó enormemente para que el culto a María fuera acogido sin problema. De ahí que entre los siglos tres y cuatro se empezara a incluir a María por primera vez en las oraciones y en la liturgia de la Iglesia. Es a partir de este momento que se componen himnos, se celebran fiestas, se nombran iglesias en su honor, surgen toda clase de leyendas y se crean las primeras imágenes. Si anteriormente se le conocía solamente con el nombre de "Madre de Cristo", en el concilio de Éfeso —en el año 431— se le asignó el de "Madre de Dios" lo cual difería diametralmente con lo que se lee en la Biblia. Este tipo de

---

[94]   *Catecismo...*, ob. cit., No. 966, pág. 227.
[95]   Cf. Küng: *Christianity...*, ob. cit., págs. 455-6.

formulaciones, por supuesto, despertaría muchas sospechas en el futuro.[96]

En el mundo occidental, por otro lado, en un principio el culto a la Virgen María encontró cierta resistencia. En San Agustín, por ejemplo, no hallamos mención alguna de oraciones, himnos o celebraciones en honor a Ella. Fue en el siglo V cuando el primer himno, "Salve Sancta Parens", aparece. En el siglo VI vemos un incremento de poesía en latín y alemán en alusión a la Madre de Jesucristo. En éste mismo siglo, en Roma, se incorpora el nombre de la Virgen al texto de la misa. En el siglo VII algunas festividades tales como la Anunciación, la Visitación, el Nacimiento y la Purificación de la Virgen son importadas del Este. A fines del siglo X el tema del poder de la oración a María está muy presente entre los fieles. Sin embargo, en los siglos XI y XII el culto a la Virgen alcanzaría su cúspide. Para estos momentos el concepto sobre la madre de Jesucristo había cambiado considerablemente. Ahora ya no se le conocía simplemente como la madre terrenal del Nuevo Testamento; a partir de este momento se destaca su función cósmica como la Virgen Madre de Dios y Reina de los Cielos. Y de aquí en adelante surgiría un proceso de idealización, un modelo a seguir especialmente para las mujeres.

Consideremos ahora lo que la Teología histórica dice en cuanto a la Asunción de la Virgen María.

---

[96] Cf. Ibid., pág. 453.

Empecemos por mencionar algo sobre esos 'cielos' a donde supuestamente ascendió la Virgen.

Phil LaFountain hablando sobre Karl Rahner señala que:

> […] es muy común entre los teólogos hoy en día que contesten a la pregunta sobre el "lugar" del reino celestial diciendo que sobre todas las cosas se trata de una "condición"; y que si uno quiere pensarlo en términos de un lugar especial en relación a la condición física del hombre que ha obtenido su salvación total, es imposible decir exactamente "donde" está este reino celestial.[97] (tm)

Y es que a María se le ha deshumanizado para poderla divinizar. Las formulaciones de fe que tienen que ver con el marianismo lejos de percibir a la Virgen como una madre igual a las demás en cuanto a su humanidad, la han separado y le han asignado un lugar que en la opinión de muchos teólogos no le pertenece. Pravin Thevathasan por ejemplo comenta:

> Una de las consecuencias del desarrollo del marianismo ´de una manera descendente´, e. g. postulado de la maternidad divina, Inmaculada Concepción, virginidad y Asunción, es que no se piensa en María como madre humana de un hijo humano quien vivió en circunstancias muy

---

[97]   LaFountain: ob. cit.

humanas. Esta María del Nuevo Testamento
no tiene mucho en común con la María de las
elaboraciones teológicas.[98] (tm)

Siguiendo con la misma idea, Hans Küng apunta que
"De acuerdo al testimonio del Nuevo Testamento María es
sobre todo la **madre de Jesús**. Como ser humano y como
madre, ella es testigo de su verdadera humanidad"[99] (tm). Y
más adelante reitera la misma idea: "De acuerdo al Nuevo
Testamento María es completamente **un ser humano** y no un
ser celestial. La imagen de María en el Nuevo Testamento es
extremadamente sencilla y en parte también contradictoria"[100]
(tm). No hay que olvidar, dice Küng, que "El testigo más
temprano del Nuevo Testamento, el Apostol Pablo, nunca
menciona la Asunción [...] de la Virgen [...]"[101] (tm). Es por
todo esto que "[algunos] [...] teólogos piensan que es urgente
reinterpretar la Asunción bajo la luz de la revelación bíblica y
la antropología teológica"[102] (tm).

---

[98]   Thevathasan, Prayin. "The Balasuriya Affair", <u>Christian Order
        Limited</u>, Publicado diciembre 1997. Recuperado 21 marzo 2004
        <<u>http://www.catholicculture.org/docs/doc_view.cfm?recnum=260</u>>.
[99]   Küng: *Christianity...*, ob. cit., pág. 457.
[100]   Ibidem.
[101]   Küng: *On Being...*, ob. cit., pág. 346.
[102]   Fiores, Stefan De, SMM. "Marry in postconciliar Theology", <u>Vatican
        2: Assessment and Perspectives</u> Vol. 1, Chapter 17, R. Latourelle
        (ed.) (Mahwah N. Y: Paulist Press, 1988) 469-529. Traducido del
        Italiano por Leslie Wearne, Publicado (sin fecha). Recuperado
        27   enero   2005   <<u>http://www.womenreligious.org/~education/
        Mariology3/Read/Readings_3/deFiores.htm</u>> cita a: S. Folgado

Para terminar con este tema, no me parece, por lo tanto, que sea una exageración el decir que todos estos argumentos de la Teología histórica están en perfecta consonancia con la desmitificación que, a mi parecer, hace Gabriel García Márquez en *Cien años de soledad* sobre la Asunción de la Virgen María.

b. La Inmaculada Concepción

Tocante a la desmitificación del milagro de la Inmaculada Concepción, estimo que Gabriel García Márquez recurre una vez más a Remedios, la bella: "En realidad, Remedios, la bella, no era un ser de este mundo."(209) Y agrega después:

> Úrsula por su parte, le agradecía a Dios que hubiera premiado a la familia con una criatura de una pureza excepcional, pero al mismo tiempo la conturbaba su hermosura, porque le parecía una virtud contradictoria, una trampa diabólica en el centro de la candidez. Fue por eso que decidió apartarla del mundo, preservarla de toda tentación terrenal, sin saber que Remedios, la bella, ya desde el vientre de su madre, estaba a salvo de cualquier contagio. (210)

Florez: "La Asuncion de Maria a la luz de la nueva antropologia teologica," <u>Estudios marianos</u>, 42 (1978), 166-167.

En las dos citas anteriores sería muy difícil el perder de vista el que Remedios, la bella, tenga características similares a las que se le atribuyen a la madre de Jesucristo en el dogma de la Inmaculada Concepción. Ricardo Gullón comenta esto mismo en una cita ya mencionada anteriormente.[103]

Así que la desmitificación del dogma de la Inmaculada Concepción en *Cien años de soledad* se desenmascara en el momento de atribuirle las características de la Virgen María, una figura celestialmente perfecta, a Remedios, la bella, una criatura terrenalmente humana, y por lo tanto imperfecta.

Es ésta la razón que me hace suponer que la intención de Gabriel García Márquez es advertir que se ha idealizado a María a tal grado que ya no conjuga con el ser terrenal que encontramos en la Biblia. Juzgo que el autor propone que una desmitificación de la Madre de Jesucristo es necesaria, para que así se le devuelva su humanidad y se le traiga de nueva cuenta a la tierra en donde, para empezar, la ubicaron originalmente las Sagradas Escrituras. Y en apoyo a esta posición, Stefan De Fiores declara que "La crítica de Küng con respecto al marianismo finalmente acepta solamente un pequeño núcleo formado de dos declaraciones que encuentran apoyo bíblico: 'María es la madre de Jesús. Ella es un ser humano y no un ser celestial' "[104] (tm).

Ahora bien, la doctrina oficial de la Iglesia concerniente al dogma de la Inmaculada Concepción establece que

---

[103] Cit. (89), pág. 63.
[104] De Fiores: ob. cit. y cita a: Kung: *On Being...,* ob. cit., pág. 459.

A lo largo de los siglos, la Iglesia ha tomado conciencia de que María "llena de gracia" por Dios (Lc 1, 28) había sido redimida desde su concepción. Es lo que confiesa el dogma de la Inmaculada Concepción, proclamado en 1854 por el Papa Pío IX: "(…) la bienaventurada Virgen María fue preservada inmune de toda mancha de pecado original en el primer instante de su concepción por singular gracia y privilegio de Dios omnipotente, en atención a los méritos de Jesucristo Salvador del género humano […]".[105]

El Padre la ha "bendecido con toda clase de bendiciones espirituales, en los cielos, en Cristo" (Ef 1,3) más que a ninguna otra persona creada. El [sic] la ha "elegido en él [sic], antes de la creación del mundo para ser santa e inmaculada en su presencia, en el amor" (Ef 1,4).[106]

Es evidente que el punto central del dogma de la Inmaculada Concepción es eximir a María como ser humano del pecado original. Sin embargo, viendo este asunto desde el lado opuesto, de acuerdo a John Dominic Crossan, la cuestión de la virginidad de María, para empezar, es solamente una interpretación por parte de los evangelistas San Mateo y San Lucas de la profecía de Isaías 7:14. Isaías —dice Crossan— no

---

[105] *Catecismo…*, ob. cit., No. 491, pág. 115.
[106] *Catecismo…*, ob. cit., No. 492, pág. 116.

menciona en absoluto nada sobre la inmaculada concepción de una virgen. Menciona a una virgen, sí, recién casada, que aún no se ha embarazado, pero de ninguna manera la liga con quien sería la madre de Jesucristo. Todo esto, agrega Crossan, hace pensar que los evangelistas, conscientes de la trascendencia de Cristo, tuvieron que escudriñar el Viejo Testamento en busca de apoyo para componer su versión sobre María.[107]

Es de suma importancia el mencionar aquí que la idea de atribuirle a la raza humana el pecado original como consecuencia de la desobediencia de nuestros primeros padres en el paraíso terrenal, fue rechazada por muchos teólogos, especialmente por Santo Tomás de Aquino. De una manera particular, "[…] a partir del siglo doce había voces individuales que explícitamente aseguraban que **María** había sido **preservada de pecado original** —lo cual desde San Agustín se había convertido en algo así como un dogma de la Iglesia católica"[108] (tm). Pero, ¿cómo mantener la universalidad del pecado original y al mismo tiempo hacer una excepción con María? Para lograrlo se necesitó de la astucia de un franciscano de nombre Duns Scotus —en el año de 1308— quien propuso lo que se conoce como 'redención preservativa' (redemptio praeservativa) de María. Según esto, por obra de Dios, la madre de Jesucristo había sido preservada de toda mancha de pecado original en el momento en que había sido engendrada.

---

[107] Cf. John Dominic Crossan: *Jesus: A Revolutionary Biography*, HarperSanFrancisco, HarperCollinsPublishers, 1994, pág. 16-18.

[108] Küng: *Christianity...,* ob. cit., pág. 454.

Claro, ésta no era más que una invención teológica, carente de todo apoyo bíblico.[109]

Y es precisamente por la falta de este refuerzo bíblico que el dogma de la Inmaculada Concepción se ha encontrado con cierta resistencia dentro y fuera de la Iglesia católica, especialmente desde que algunos exégetas decidieron usar el método histórico crítico para demostrar su falta de fundamento en las Sagradas Escrituras.

Prayin Thevathasan, por ejemplo, expresa: "Sobre la Inmaculada Concepción: 'Estoy de acuerdo en que María nació sin pecado original. Pero también digo que nadie es concebido en pecado' "[110] (tm). Stefan De Fiores, por su parte, nos presenta la opinión de algunos teólogos: Hans Küng, dice, está completamente convencido de que el dogma de la Inmaculada Concepción debe ser sometido a un riguroso análisis para identificar sus verdaderas intenciones;[111] R. Scheifler pone en duda la concepción y el nacimiento [sin pecado original] de la madre de Jesucristo;[112] D. Fernandez [sic]

> [...] repite su doble tesis con una convicción mayor: debemos dar "un definitivo adiós" a la doctrina

---

[109]   Cf. Ibid., págs. 454-455.
[110]   Thevathasan: ob. cit. cita a: Padre Balasuriya, Tisa, OMI en "The Balasuriya Affair".
[111]   Cf. De Fiores: ob. cit. donde cita a: Kung: *On Being...,* ob. cit., pág.462.
[112]   Ibidem. Donde cita a: Scheifler, R.: "La vieja natividad perdida. Estudio bíblico sobre la infancia de Jesus", *Sal terrae,* 65 (1977), 835-851.

del pecado original y al mismo tiempo rechazar
la existencia de cualquier "relación intrínseca y
esencial" entre éste y el dogma de la Inmaculada
Concepción puesto que es posible imaginarse una
redención que no sea una "liberación del pecado",
sino que sea principalmente una "capacidad para
poseer a Dios [...]".[113] (tm)

Y por último, Alejandro de Villalmonte

[...] examina la relación entre pecado original
y la Inmaculada Concepción y llega a la misma
conclusión que D. Fernandez con respecto a la
necesidad de sobrepasar la formulación negativa
del dogma de la Inmaculada Concepción. Dice
que, históricamente hablando, este dogma
"fue resultado de los siglos progresistas —que
acentuaron el entendimiento religioso cristiano
sobre el contenido de la afirmación del Nuevo
Testamento concerniente a María: Madre de
Cristo, llena de gracia".[114] (tm)

---

[113]   Ibidem. Cita a: D. Fernandez: "La crisis de la teologia del pecado
original y afecta al dogma al dogma [sic] de la Immaculada
Concepcion?" *Ephemerides mariologicae,* 35 (1985), 291-293.

[114]   Ibidem. Cita a: A. de Villalmonte: "La teologia del pecado original
y el dogma de la Immaculada," *Salmanticenses,* 22 (1975), 39.

En conclusión, el punto de vista de la Teología histórica tocante al milagro de la Inmaculada Concepción sirve como sostén a lo que yo juzgo es una desmitificación que Gabriel García Márquez hace de este milagro en *Cien años de soledad.*

c. La Anunciación

El tercer y último punto que voy a tratar, y que en realidad tiene mucho en común con el milagro de la Inmaculada Concepción, es el del milagro de la Anunciación a María. Esto es, de cuando el Arcángel Gabriel le informó a la madre del Salvador que lo que en ella se engendraría sería obra del Espíritu Santo.

La cita en *Cien años de soledad* que a mi parecer insinúa una referencia a la Anunciación de María es la que tiene que ver con la preocupación de Úrsula por proteger a Remedios, la bella, de los peligros mundanos, de tal manera que "[…] decidió apartarla del mundo" y "preservarla de toda tentación terrenal" (210).

Grete Evans Miller indica que "A Úrsula se le representa como un 'arcángel anunciador' […] una representación irónica del Arcángel Gabriel quien anunció a María el virginal nacimiento de Cristo en Lucas 1:31"[115] (tm).

Sin embargo, en este caso, Úrsula, a pesar de ser un ángel protector, no es portadora de buenas nuevas, pues mientras

---

[115] Miller: ob. cit., pág. 99.

el Arcángel Gabriel le anuncia a María la concepción del
Salvador por parte del Espíritu Santo, Úrsula le anuncia a
Remedios, la bella, su reclusión, y con ésta, la eliminación de
toda posibilidad de contacto con el sexo opuesto. De ahí que
Úrsula como ángel portador de malas noticias constituya la
desmitificación del milagro de la Anunciación. Y yendo más
allá, yo diría que es de suma importancia también el considerar
que Úrsula "[...] es a la vez el ángel que supuestamente
advierte a la familia sobre el nacimiento, no de Cristo, [sino]
del niño con cola, y la antítesis del receptor del mensaje
bíblico, la Virgen María"[116] (tm).

Por otro lado, en lo que sí coinciden tanto el Arcángel Gabriel
como Úrsula para llevar a cabo su proyecto, es en eliminar
toda participación por parte del hombre. En la anunciación de
María el arcángel no sólo elimina a José como participante
en el proyecto de concepción, sino que ni siquiera le pide su
opinión al respecto. En el caso de Remedios, la bella, sucede
algo similar: Úrsula la esconde para que no se contamine con
ningún hombre. Y esto, me parece, es nuevamente una parodia
que Gabriel García Márquez hace de la Anunciación.

En cuanto a la doctrina oficial de la Iglesia en relación a
este tema, el catecismo refiere que

> La Virgen María realiza de la manera más
> perfecta la obediencia de la fe. En la fe, María
> acogió el anuncio y la promesa que le traía el

---

[116] Ibidem.

ángel Gabriel, creyendo que "nada es imposible
para Dios" (Lc 1, 37; cf Gn 18, 14) y dando su
asentimiento: "He aquí la esclava del Señor;
hágase en mí según su palabra" (Lc 1, 38).[117]

La respuesta divina a su "¿cómo será esto,
puesto que no conozco varón?" (Lc 1, 34) se dio
mediante el poder del Espíritu: "El Espíritu Santo
vendrá sobre ti" (Lc 1, 35).[118]

Ahora bien, contrario a lo que dice la doctrina oficial de
la Iglesia, María probablemente sí conoció varón. Fijemos
nuestra atención en lo que manifiesta Jeffery L. Sheler: "En el
año 178 EC[*] el escritor pagano Celsus escribió una polémica
muy extensa contra el cristianismo en la cual describió a
Jesús como el hijo ilegítimo de un soldado romano"[119] (tm).
Y más adelante agrega: "En un ataque más moderno contra la
doctrina [del nacimiento de Jesús], el Obispo Episcopal John
Spong, en su libro de 1992, *Nacido de una mujer*, describe la
concepción virginal como un mito, y asegura que Jesús pudo
haber nacido de una joven quien fue violada"[120] (tm).

Por su parte A. D. Ajijola al citar a C. J. Cadoux observa que

---

[117] *Catecismo...*, No. 148, pág. 42.
[118] Ibid., No. 484, pág. 114.
[119] Sheler: ob. cit., pág. 195.
[*] Del inglés CE: Christian Era (Era Cristiana).
[120] Ibid., págs. 195-196 y cita a: John S. Spong: (*Born of a Woman: A Bishop Rethinks the Birth of Jesus*, San Francisco, HarperSanFrancisco, 1992).

> "Hacia finales del segundo siglo d. de C. era una creencia común entre los cristianos, que en el tiempo del nacimiento de Cristo, su madre aún era una virgen, quien lo concibió por la intervención milagrosa de Dios. Esta idea, aun cuando apreciada por muchos cristianos modernos por su valor doctrinal, en realidad es dudoso que tenga algo de verdad".[121] (tm)

No hay duda de que la obsesión de la Iglesia católica por considerar la sexualidad como algo pecaminoso ha creado una situación en la que se ha deformado la verdadera imagen nuevotestamentista de María. Esta actitud de la Iglesia por considerar el acto sexual como algo impuro ha creado una verdadera paranoia en esta institución, de tal manera que ha tenido que meterse en caminos escabrosos para eliminar cualquier conexión de María con el sexo, y así transformarla en virgen. Y

> Aunque las definiciones del Magisterio, con excepción del concilio de Letrán del año 649, convocado por el Papa Martín I, no precisan el sentido del apelativo "virgen", se ve claramente que este término se usa en su sentido habitual: la

---

[121] Ajijola: ob. cit., pág. 93 cita a: C. J. Cadoux: *The Life of Jesus*. (Cadoux es profesor de Historia de la Iglesia en Oxford).

abstención voluntaria de los actos sexuales y la preservación de la integridad corporal.[122]

Pese a esto, algunos teólogos han tratado de reparar el mal. Hans Küng, por ejemplo, hablando sobre la sexualidad nos hace ver que "'Donde existe el espíritu del Señor, hay libertad' Y en la esfera de esta libertad no hay lugar para la discriminación sexual convirtiendo lo sexual en tabú"[123] (tm). Prayin Thevathasan, por su parte, y hablando sobre la historicidad de la virginidad de María, nos recuerda que los teólogos han debatido muchísimo y hasta el momento se considera una cuestión no resuelta.[124] Uno de estos teólogos, Hans Küng, por ejemplo, asegura que

El Evangelio más temprano [...] no dice nada con respecto al nacimiento virginal [...]. Esto lo hacen los Evangelios subsecuentes, describiendo a una creyente y obediente María, y relatando todo lo que ha quedado tan profundamente impreso en el cristianismo por medio de la historia del arte cristiano. Por lo tanto, ya en el Nuevo Testamento debe hacerse una distinción entre María como figura histórica y María como figura simbólica

---

[122] Las Siervas de los Corazones Traspasados de Jesús y María. "Virginidad de María. Publicado (sin fecha). Recuperado 27 mayo 2005 <http://www.corazones.org/maria/ensenanza/virginidad.htm>.

[123] Küng: *Christianity...*, ob. cit., pág. 458.

[124] Cf. Thevathasan: ob. cit.

—como virgen, madre, prometida, reina e intercesora.[125] (tm)

Otro de estos teólogos, Stefan De Fiores citando a Küng señala que " 'el dar a luz de la virgen no puede entenderse como un evento histórico-biológico', sino que debe interpretarse como un 'símbolo significativo' del nuevo principio traído por Dios en Cristo"[126] (tm). Después, el mismo De Fiores manifiesta que Edward Schellebeeckx "elimina a María como virgen de su fórmula de fe[...]"[127] (tm). Y para terminar, una vez más De Fiores establece que H. Halbfas nos recuerda que "el nacimiento de Jesús ´de la Virgen María´, no se presenta para que sea creído como un hecho biológico [debe ser simbólico] (Jesús no tuvo un padre humano), y no está a la disposición de ningún predicador como información sobre cualquier proceso psicológico, menos aun ginecológico [...]"[128] (tm).

Por eso, creo que la exégesis de estos teólogos está en perfecta sintonía con la desmitificación que, pienso, hace Gabriel García Márquez en *Cien años de soledad* sobre el milagro de la Anunciación a la Virgen María.

Y para concluir este tema, quisiera solamente aludir al hecho de que el dogma sobre la Anunciación, como ya lo

---

[125] Küng: *Christianity...*, ob. cit., pág. 457.
[126] De Fiores: ob. cit. y cita a: H.Kung, *On Being a Christian* (London, 1977) 451.
[127] Ibidem. Y cita a: E, Schillebeeckx: *Jesus: an experiment in Christology* (New York, 1979), 27.
[128] Ibidem. Y cita a: H. Halbfas: *Theory of Catechetics: Language and Experience in Religious Education* (New York, 1971), 137.

expresaron claramente algunos teólogos, necesita de una reinterpretación que esté más de acuerdo con las necesidades espirituales del cristiano moderno. Porque hasta ahora, dice Manfred Hauke al citar a Mary Daly, " el papel [de María] como sirviente en la Encarnación de Dios, no es otra cosa que una 'violación' "[129] (tm). Y más adelante el mismo Manfred Hauke agrega:

> [Mary] Daly [...] inspirada [...] por Simona de Beauvoir [...] hizo ver el contraste entre las deidades antiguas y María [...]; en donde las deidades tenían poder autónomo y utilizaban a los hombres para sus propios fines, María es totalmente la sirvienta de Dios: "'Soy la sirvienta del Señor.' Por primera vez en la historia de la humanidad", escribe Beauvoir, "una madre se hinca ante su hijo y admite, de su propia voluntad, su inferioridad. La suprema victoria de la masculinidad es consumada en la Mariolatría: esto significa la rehabilitación de la mujer por medio de su total derrota".[130] (tm)

---

[129] Hauke, Manfred. "Mother of God or Domesticated Goddess? Mary in Feminist Theology". Publicado (sin fecha). Recuperado 25 abril 2005 <http://www.ewtn.com/mary/motorgod.htm> y cita a: Mary Daly.

[130] Ibidem. Y cita a: Mary Daly y Simona de Beauvoir.

En resumen, manifiesta Hans Küng, "[…] la figura de María necesita ser liberada [desmitificada, opino yo que diría García Márquez] de ciertas imágenes –tanto de la fantasía jerárquica de los célibes sacerdotes, como de la fantasía de mujeres interesadas en una búsqueda compensatoria de identidad"[131] (tm). Y por último, observa el mismo Küng: "[…] la imagen de María debe ser interpretada para nuestro tiempo en términos de sus orígenes y liberada de tantos clichés misóginos y estereotipos paralizantes. El objetivo debe ser despejar el camino para una verdadera **imagen ecuménica de María** […]"[132] (tm).

---

[131] Küng: *Christianity…*, ob. cit., pág. 457.
[132] Ibidem.

2. EL PECADO

El próximo punto a tratar se relaciona con el pecado. En esta sección consideraré dos aspectos del pecado. Primero, el pecado original y bajo éste el bautismo; segundo, el pecado mortal y bajo éste la confesión.

A. El pecado original y el bautismo

Las referencias en *Cien años de soledad* con respecto al pecado original son varias. Para empezar veamos lo que encuentra el padre Nicanor Reyna durante su visita a Macondo: "[El cura] Llevaba el propósito de regresar a su parroquia después de la boda, pero se espantó con la aridez de los habitantes de Macondo, que prosperaban en el escándalo, sujetos a la ley natural, sin bautizar a los hijos ni santificar las fiestas" (91).

Me parece que en esta cita la ironía consiste en el hecho de que a pesar de que los habitantes de Macondo no purificaban a sus infantes del pecado original por medio del bautismo, según el sacerdote, la gente no tenía ningún remordimiento, al contrario, se insinúa cierta felicidad, y por eso "nadie le prestó atención" (91). Esta actitud por parte de la gente del pueblo apunta, creo yo, a una negación del sacramento de purificación y de ahí su desmitificación.

Otro caso en el que se desmitifica el pecado original es cuando la familia Buendía sí decide bautizar a algunos de sus miembros: "En menos de dos años bautizaron con el nombre de Aureliano, y con el apellido de la madre a todos los hijos que diseminó el coronel a lo largo y a lo ancho de sus territorios de guerra: diecisiete" (162). La frecuencia de los bautizos me sugiere que el sacramento de purificación se vuelve un acto rutinario carente de todo contenido espiritual. Mario Vargas Llosa lo ve así:

> [...] para ninguno de los macondinos la religión católica es una fe profunda, una cosmovisión y una moral, una regla de conducta. En todos los casos es sólo una praxis social: la aceptación de rituales y formulismos que comprometen la apariencia, no el espíritu.[133]

Pero la desmitificación por excelencia que se hace en *Cien años de soledad* del pecado original es la relacionada con el incesto que supuestamente se lleva a cabo entre José Arcadio Buendía y Úrsula Iguarán:

> Se les representa como haber cometido el 'pecado original' de la novela, primos casándose a pesar de

---

133 Vargas Llosa: ob. cit., pág. 515.

> la advertencia de que el niño de la unión incestuosa
> nacería con cola de puerco, un incidente que tenía
> precedencia en la familia.[134] (tm)

Y que se volverá a repetir al final de la novela entre Aureliano y su tía Amaranta Úrsula.

Es claro que la maldición del incesto en la familia Buendía es transmitida de generación en generación como supuestamente el pecado original es también transmitido de generación en generación.

La desmitificación en este caso consiste en que el incesto entre José Arcadio y Úrsula, según María Eulalia Montaner Ferrer, nunca existió, todo es un embuste. Veamos.

De acuerdo a Montaner Ferrer, "[…] la excusa de engendrar chanchitos es más falsa que una moneda de seis pesetas",[135] pues

> Asentados los parentescos, el lector debe
> preguntarse: ¿cómo puede ser que Úrsula, la
> bisnieta, deba cargar con la herencia de la culpa
> cometida por la "tataranieta" del aragonés (pág.
> 24)?[136]

---

[134] Miller: ob. cit., pág. 72.

[135] Montaner Ferrer, María Eulalia: "Falaz Gabriel García Márquez: Úrsula Iguarán, narradora de 'Cien años de soledad'", Instituto Federic Mompou, HR, 55 (1987), pág. 80.

[136] Los números de página que se dan entre paréntesis incorporados a las citas de Montaner Ferrer pertenecen a la Edición Barcelona, 1968 de Cien años de soledad.

Los tataranietos —los "terceros nietos"—
del comerciante aragonés son José Arcadio y
Aureliano, y la tataranieta es Amaranta. Es
evidente que Úrsula nunca puede tener que pagar
en sus hipotéticos hijos una tara sanguínea iniciada
precisamente —según exacta definición— en
esos mismos hijos. En Úrsula no puede haber
tara o maldición por consanguinidad ya que esta
maldición tiene su origen en una generación
posterior a la suya. Aún más, como Amaranta
no se casa ni tiene descendencia, la maldición de
engendrar iguanas no puede pesar sobre Úrsula
ni sobre sus directos descendientes porque no se
cumple el hecho del que arranca la maldición: el
matrimonio de la tataranieta del aragonés. (Este
supuesto podría realizarse en la línea colateral, ya
que el aragonés tuvo dos hijos (pág. 24), pero no
en el caso concreto de Úrsula).[137]

En resumen, el hallazgo de Montaner Ferrer nos explica
la desmitificación del incesto en *Cien años de soledad*
equivalente al pecado original.

Consideremos ahora lo que dice la doctrina oficial de
la Iglesia, producto del concilio de Trento (1545-63), con
respecto al pecado original y el sacramento del bautismo.

---

[137] Montaner Ferrer: ob. cit., págs. 81-89.

El relato de la caída (Gn 3) utiliza un lenguaje hecho de imágenes, pero afirma un acontecimiento primordial, un hecho que tuvo lugar *al comienzo de la historia del hombre* [...]. La revelación nos da la certeza de fe de que toda la historia humana está marcada por el pecado original libremente cometido por nuestros primeros padres [...].[138]

Todos los hombres están implicados en el pecado de Adán. S. Pablo lo afirma: "Por la desobediencia de un solo hombre, todos fueron constituidos pecadores" (Rm 5, 19): "Como por un solo hombre entró el pecado en el mundo y por el pecado la muerte y así la muerte alcanzó a todos los hombres, por cuanto todos pecaron..." (Rm 5, 12).[139]

Siguiendo a S. Pablo, la Iglesia ha enseñado siempre que la inmensa miseria que oprime a los hombres y su inclinación al mal y a la muerte no son comprensibles sin su conexión con el pecado de Adán y con el hecho de que nos ha transmitido un pecado con que todos nacemos afectados y que es "muerte del alma" [...]. Por esta certeza de fe, la Iglesia concede el Bautismo para la remisión

---

[138] *Catecismo...*, ob. cit., No. 390, pág. 92.
[139] Ibid., No. 402, pág. 95.

de los pecados incluso a los niños que no han cometido pecado personal [...].[140]

[...] la transmisión del pecado original es un misterio que no podemos comprender plenamente. [...] Es un pecado que será transmitido por propagación a toda la humanidad, es decir, por la transmisión de una naturaleza humana privada de la santidad y de la justicia originales. Por eso el pecado original es llamado "pecado" de manera análoga: es un pecado "contraído", "no cometido", un estado y no un acto.[141]

El Bautismo, dando la vida de la gracia de Cristo, borra el pecado original y devuelve el hombre a Dios, pero las consecuencias para la naturaleza, debilitada e inclinada al mal, persisten en el hombre y lo llaman al combate espiritual.[142]

El apóstol S. Pablo [...] identifica [la concupiscencia] con la lucha que la "carne" sostiene contra el "espíritu" [...]. Procede de la desobediencia del primer pecado [el pecado original][...].[143]

---

[140] Ibid., No. 403, pág. 95.
[141] Ibid., No. 404, págs. 95-6.
[142] Ibid., No. 405, pág. 96.
[143] Ibid., No. 2515, pág. 546.

Por otro lado la exégesis histórico-crítica ha llegado a diferentes conclusiones.

Hans Küng observa que

> [...] Agustín estaba convencido que detrás de la miseria de este mundo acechaba un gran pecado el cual tiene un efecto en todos los seres humanos [...]. Agustín lo enfatiza por medio de la caída [de nuestros primeros padres] haciéndolo historia, dándole un aspecto psicológico y sobre todo, conectando este 'primer evento' al aspecto sexual.[144] (tm)

Así es como San Agustín, "[...] —a diferencia de Pablo, quien no escribe ni una palabra sobre el tema— asocia esta transmisión de '**pecado original**' **con el acto sexual** y los deseos carnales (=egoísmo), concupiscencia, ligados a este pecado original"[145] (tm).

Como se puede ver, entonces, San Agustín es quien decidió poner la sexualidad como centro de la naturaleza humana. Y con esto se iba a originar esa actitud, diría yo, patológica que ha exhibido la Iglesia a través de los siglos con respecto al sexo. De ahí vienen tanto trauma y culpabilidad por parte de los católicos al no poder reprimir totalmente sus deseos sexuales. Y es que, dice San Agustín,

---

[144] Küng: *Christianity...*, ob. cit., pág. 293.
[145] Ibidem.

[…] los seres humanos han sido profundamente corrompidos desde un principio por la caída de Adán. '**En él** todos han pecado' (Rom. 5:12).[146] (tm)

Pero, ¿cómo llegó a esta conclusión?

> Lo que Agustín encontró en la traducción Latina de la Biblia de su tiempo fue **in quo**, y él conectó este 'en él' a Adán. Pero el texto original griego simplemente se lee eph'ho = 'porque' (o 'por lo que' todos pecaron). Entonces, ¿Qué leyó Agustín en esta frase en Romanos? No solo el primer pecado de Adán sino un **pecado que se hereda**, un pecado que cada ser humano trae de nacimiento, el pecado original. Para Agustín, ésta era la razón por la cual cada ser humano, aun el pequeño infante, tiene envenenados tanto el cuerpo como el alma. Todos incurrirían en una muerte eterna a menos que sean bautizados.[147] (tm)

De tal manera que se trata de su propia interpretación basada en algo tan frívolo como un error de traducción y que la Iglesia no ha querido rectificar. Podemos ver "en la evolución de esta doctrina cuanto influyó en el desarrollo del dogma la suposición de un grupo —preparando el terreno para la

---

[146] Ibidem.
[147] Ibidem.

imaginación combinada con la justificación autoritaria"[148] (tm). Al mismo tiempo, no podemos dejar de preguntarnos "[…] si Jesús hubiera sabido sobre el desarrollo futuro de esta doctrina por sus discípulos en el transcurso de los siglos[;] […] [si] Él hubiera visto las consecuencias desastrosas de esta doctrina en la misión cristiana, ¿no habría advertido a sus seguidores sobre ella?"[149] (tm). Porque es claro que "La doctrina está basada en suposiciones no aprobadas e improbables"[150] (tm). De hecho, "[…] podríamos ir más allá y preguntar si esta doctrina en sí no es el pecado original de la teología tradicional cristiana"[151] (tm).

Pero, en todo caso debemos preguntarnos ahora: ¿Y en dónde reside la reparación para el pecado original? ¿Fue también otra puntada de San Agustín el conectar el **bautismo** con la caída de nuestros primeros padres? Porque no olvidemos que "Los Evangelios no dicen que Jesús bautizó a alguien. Si el bautismo era esencial para la salvación, Él le hubiera prestado una atención especial"[152] (tm). Pero no fue así, ni bautizó a nadie ni requirió el bautizo de sus seguidores. Siendo así, entonces, me parece que el padre Balasuriya tiene razón al considerar esta ocurrencia de San Agustín como el 'pecado original' de la teología cristiana.

---

[148] Thevathasan: ob. cit. cita a: Padre Tisa Balasuriya, OMI en "The Balasuriya Affair".

[149] Ibidem.

[150] Ibidem.

[151] Ibidem.

[152] Ibidem.

Cabe mencionar que los primeros cristianos practicaban el bautismo no para borrar el pecado original sino como un rito de iniciación que se aplicaba a los nuevos miembros de la comunidad cristiana, pero en ningún momento para borrar el pecado original.

Fue en el año 1442, en el concilio de Florencia, que se formuló la doctrina en la cual se especificaba que los infantes deberían ser bautizados tan pronto como fuera posible después de su nacimiento para "liberarlos del poder del Demonio".[153] Más tarde, en el concilio de Trento, en el año 1547, se aclararía que el bautismo no era opcional para los católicos, al contrario, era requisito indispensable para la salvación.

Cosa interesante, sin embargo, es lo que dice el teólogo William Pettingill, pues afirma que el bautismo de infantes no se puede justificar en las Sagradas Escrituras.[154]

En conclusión, lo hasta aquí dicho sobre la justificación bíblica del pecado original por parte de la doctrina oficial de la Iglesia católica es el equivalente al embuste que tan sutilmente Gabriel García Márquez presenta sobre el incesto de los Buendía en *Cien años de soledad*, y que Montaner Ferrer desenmascara. Me parece que el escritor colombiano por medio de esta patraña, dicha con toda intención, desmitifica

---

[153] Cf. "*Sacraments, Baptism*". (Sin autor). Catholic Wisdom Publications. Publicado (sin fecha). Recuperado 28 diciembre 2005 <http://www.sspxasia.com/Documents/Sacraments/Baptism.htm>.

[154] Cf. Pettingill, William. "Infant Baptism It's History and It's Harm". Publicado (sin fecha). Recuperado 26 abril 2005 <http://cnview. com/on_line_resources/infant_baptism.htm>.

el pecado original y su necesidad de reparación por medio del bautismo, reduciéndolo a una simple engañifa.

B. El pecado mortal y el sacramento de la penitencia

En *Cien años de soledad* encontramos cuatro referencias directas con respecto al pecado mortal y el sacramento de la penitencia.

La primera es cuando el padre Nicanor Reyna visita Macondo y se encuentra que la gente allí no vive sujeta a la ley de Dios. Por eso

> [...] decidió quedarse una semana más para cristianizar a circuncisos y gentiles, legalizar concubinarios y sacramentar moribundos. Pero nadie le prestó atención. Le contestaban que durante muchos años habían estado sin cura, arreglando los negocios del alma directamente con Dios, y **habían perdido la malicia del pecado mortal** [énfasis mío]. (91)

La segunda es en relación al momento en que Amaranta Buendía se prepara para partir al otro mundo:

> Atraído por las voces públicas de que Amaranta Buendía estaba recibiendo cartas para los muertos, el padre Antonio Isabel llegó a las cinco con el

viático, y tuvo que esperar más de quince minutos
a que la moribunda saliera del baño. Cuando la
vio aparecer con un camisón de madapolán y el
cabello suelto en la espalda, el decrépito párroco
creyó que era una burla, y despachó al monaguillo.
Pensó, sin embargo, aprovechar la ocasión para
confesar a Amaranta después de casi veinte años
de reticencia. Amaranta replicó, sencillamente,
**que no necesitaba asistencia espiritual de
ninguna clase porque tenía la conciencia limpia**
[énfasis mío]. (295)

La tercera tiene que ver con el fusilamiento de José
Arcadio, el primogénito. En esa ocasión "el padre Nicanor
trató de asistirlo. 'No tengo nada de qué arrepentirme', dijo
Arcadio, y se puso a las órdenes del pelotón" (130).

La última referencia está ligada a la primera comunión de
José Arcadio Segundo:

Dos noches antes de la primera comunión, el padre
Antonio Isabel se encerró con él en la sacristía
para confesarlo, con la ayuda de un diccionario
de pecados. Fue una lista tan larga que el anciano
párroco, acostumbrado a acostarse a las seis, se
quedó dormido en el sillón antes de terminar. (198)

La desmitificación en la primera cita se manifiesta
precisamente en la eliminación del intermediario de Dios, y

con él la posibilidad de una confesión. La gente de Macondo se entiende directamente con el Todo Poderoso; más que eso, ni siquiera siente remordimiento alguno por la forma en que vive, lo cual sugiere la negación del pecado mortal. Los macondinos han tomado las riendas de su propia vida espiritual y se sienten bastante confortables, sin experimentar ningún remordimiento.

La segunda cita también desmitifica el sacramento de la penitencia, pero aquí García Márquez me parece que es bastante irónico pues eso de que Amaranta Buendía "no necesitaba asistencia espiritual de ninguna clase porque tenía la conciencia limpia" es un poco audaz. ¿O qué…? ¿Ya se nos olvidó que Amaranta cometió incesto con su sobrino Aureliano José? Supuestamente un acto de tal naturaleza es vergonzoso ante la sociedad y ante Dios, pero en el caso de Amaranta, ella se siente libre de culpa, y de ser así, efectivamente, no tiene nada que confesar. Esto da como resultado la eliminación del representante de Dios y con él el perdón de los pecados.

En la tercera cita tenemos a un José Arcadio que alega prácticamente lo mismo que Amaranta pues se siente con la conciencia tranquila y por eso le dice al padre: "No tengo nada de qué arrepentirme." Pero la verdad es que desde el punto de vista de la Iglesia esto no sería correcto; baste con recordar, diría el cura, las locuras que cometió en otros tiempos en la tienda de Catarino. Al negar José Arcadio cualquier clase de culpabilidad por los excesos que tuvo en su vida, se está desmitificando nuevamente la confesión.

En la cuarta cita se nos presenta el elemento desmitificador del sacramento de la penitencia por medio de la comicidad del evento. Nos hace reír la decisión del cura de armarse de un diccionario, que bien podría ser un penitenciario. Esto me sugiere que el confesor sabía que iba a estar ante un individuo quien era experto en el arte de pecar. Lo irónico, sin embargo, es que a final de cuentas José Arcadio Segundo, sin proponérselo, arrulla al padre Antonio Isabel, no con un canto melodioso, sino con una larga lista de letanías pecaminosas. Y para colmo de males la confesión nunca se consuma pues el representante de Dios se queda profundamente dormido sin administrar la absolución. Y yo diría, en esto consiste la desmitificación del sacramento de la penitencia.

Ahora bien, la doctrina oficial de la Iglesia con respecto a este dogma establece que

> El *pecado mortal* destruye la caridad en el corazón del hombre por una infracción grave de la ley de Dios; aparta al hombre de Dios, que es su fin último y su bienaventuranza, prefiriendo un bien inferior.[155]

> Si decimos: 'no tenemos pecado', nos engañamos y la verdad no está en nosotros.[156]
> Se pueden distinguir los pecados [...] en pecados espirituales y carnales, o también en

---

[155] *Catecismo...,* ob. cit., No. 1855, pág. 418.
[156] Ibid., No. 1847, pág. 416.

pecados de pensamiento, palabra, acción u omisión.[157]

Y luego con respecto al sacramento de la penitencia declara:

> Es llamado *sacramento de la confesión* porque la declaración o manifestación, la confesión de los pecados ante el sacerdote, es un elemento esencial de este sacramento. En un sentido profundo este sacramento es también una "confesión", reconocimiento y alabanza de la santidad de Dios y de su misericordia para con el hombre pecador.[158]

> Cristo instituyó el sacramento de la Penitencia[…].[159]

> Según el mandamiento de la Iglesia, "todo fiel llegado a la edad del uso de razón debe confesar, al menos una vez al año, los pecados graves de que tiene conciencia."[160]

Examinemos ahora la perspectiva de la Teología histórica, que es el contrapeso de la que acabamos de mencionar.

---

[157] Ibid., No. 1853, pág. 417.
[158] Ibid., No. 1424, pág. 328.
[159] Ibid., No. 1446, pág. 333.
[160] Ibid., No. 1457, pág. 336.

Para esto, me parece que habría que averiguar primero de dónde viene el término 'penitencia'.

> Penitencia. El sustantivo griego metanoia, el cual frecuentemente se encuentra en el Nuevo Testamento, es comúnmente traducido [...] [al español] como 'arrepentimiento'. La traducción de la Vulgata latina, sin embargo, es poenitentia la cual se entendió en términos del sacramento medieval de la penitencia con una connotación muy diferente a la de metanoia. El resultado fue que cuando la Vulgata tradujo el verbo griego 'Arrepiéntanse' Poenitentiam agite (en mateo 3:2), se supone que el Bautista quería decir 'Hagan penitencia; para el reino de los cielos [...]' (Versión de Dovay).
>
> Este curioso detalle de traducción alentó el entendimiento medieval que dijo se trataba de un sacramento definido y otorgado por Dios que se llamaba 'penitencia'. Apareció en el 'Canon' de los siete sacramentos de Pedro Lombardo y de ahí en adelante siguió apareciendo.[161] (tm)

Puedo ver claramente, pues, que hay una enorme diferencia entre los vocablos 'arrepentimiento' y 'penitencia'. Mientras Juan el Bautista hablaba de 'arrepentimiento' otros en la Edad

---

[161] Sinclair B. Ferguson: David F. Wright; y J. I. Parker: *New Dictionary of Theology*, Downers Grove, Illinois, 1988, pág. 501.

Media interpretaron sus palabras como 'hacer penitencia' y de ahí dedujeron la existencia del sacramento. Pero en realidad, si se trata nuevamente de un error de traducción del griego al latín, como aparentemente es el caso, entonces se pone en duda la legitimidad del sacramento de la penitencia, pues todo indica que fue un descuido humano. Y esto precisamente, me parece que apoya de una manera definitiva la desmitificación que, juzgo, hace García Márquez de este sacramento. ¡Con razón ni Amaranta ni José Arcadio, el primogénito, quieren confesarse!

En cuanto a la confesión privada ante un sacerdote, es esencial el señalar que no ha existido siempre, al contrario, se empezó a practicar de una manera regular en la Edad Media. Hans Küng explica:

> [...] la nueva **confesión privada, la cual se puede repetir sin límite**, hecha a un sacerdote individualmente bajo el sello de silencio, no vino al continente europeo de Roma sino de la Iglesia monástica celta a través de los misioneros irlandeses y escoceses. Pero entonces se diseminó rápidamente por toda Europa. Forzó a la penitencia pública de la Iglesia primitiva hacia la periferia y se transformó en un **elemento característico de la Iglesia Católica Romana medieval**. Alcuim [el consejero de Carlo Magno], durante el tiempo de Carlo Magno, ya establecía

que la eucaristía no se podía recibir sin antes confesar los pecados.[162] (tm)

Sin embargo, continúa Küng:

> El cuarto concilio de Letrán en el año de 1215 se dio a la tarea de prescribir la confesión como una obligación universal, antes de comulgar durante la Pascua, y Tomás de Aquino, finalmente, elevó la confesión teológicamente hablando, a sacramento, el cual, de hecho, era necesario para la salvación de cada cristiano, y lo insertó definitivamente en la doctrina de los siete sacramentos.[163] (tm)

En cuanto a la penitencia que se imponía después de la confesión, la guía que los ministros de la Iglesia usaban para imponer la pena estaba ya establecida en lo que se llamaba el penitenciario, que era un documento en donde se especificaba la penitencia a cumplir, de acuerdo a la gravedad de la culpa. La formulación de estos penitenciarios es atribuida a santos irlandeses tales como San Patricio y Columba, y vieron la luz alrededor de los años 650 a 850.[164]

Un dato interesante que menciona Küng es que hacia finales del siglo IX era costumbre que la penitencia se cumpliera después de la confesión; y en caso de que no se

---

[162] Küng: *Christianity...*, ob. cit., pág. 360.
[163] Ibidem.
[164] Cf. Ibidem.

pudiera cumplir se tenía que pagar una multa; esto, desde luego, se prestó para toda clase de injusticias y abusos.[165]

Los penitenciarios aún cuando nunca fueron oficialmente aprobados, sin embargo, formaban parte de la colección de libros en cada parroquia. Como dice Küng: "eran una expresión no sólo del generalizado espíritu de penitencia, sino que eran también documentos de una extremada legalización y exteriorización de la penitencia y un trato opresivo del penitente"[166] (tm).

En resumen, creo que lo anteriormente presentado por la Teología histórica sirve como sostén a la desmitificación que, según yo, Gabriel García Márquez hace del pecado mortal y del sacramento de la penitencia en *Cien años de soledad.*

---

[165] Ibidem.
[166] Ibidem.

3. EL HORROR A LA SEXUALIDAD

El próximo punto que voy a tratar es el de la repulsa a la sexualidad en el ámbito de la Iglesia católica.

Empecemos por identificar aquellas referencias que se encuentran en *Cien años de soledad* y que tienen que ver con este tema.

La más importante de estas referencias es la que menciona, sin ambages, a San Agustín. Esto lo hace García Márquez por boca del sabio catalán pues "sabía muchas cosas que simplemente no se debían saber, como que San Agustín usaba debajo del hábito un jubón de lana que no se quitó en catorce años [...]" (415).

Una segunda referencia vinculada al mismo tema es la que tiene que ver con la primera comunión de José Arcadio Segundo:

> Dos noches antes de la primera comunión, el padre Antonio Isabel se encerró con él en la sacristía para confesarlo, con la ayuda de un diccionario de pecados. Fue una lista tan larga,

que el anciano párroco, acostumbrado a acostarse a las seis se quedó dormido en el sillón antes de terminar. El interrogatorio fue para José Arcadio Segundo una revelación. No le sorprendió que el padre le preguntara si había hecho cosas malas con mujer, y contestó honradamente que no, pero se desconcertó con la pregunta de si las había hecho con animales. El primer viernes de mayo comulgó torturado por la curiosidad. Más tarde le hizo la pregunta a Petronio, el enfermo sacristán que vivía en la torre y que según decían se alimentaba de murciélagos, y Petronio le contestó: "Es que hay cristianos corrompidos que hacen sus cosas con las burras." José Arcadio Segundo siguió demostrando tanta curiosidad, pidió tantas explicaciones, que Petronio perdió la paciencia.

—Yo voy los martes en la noche —confesó—. Si prometes no decírselo a nadie, el otro martes te llevo.

El martes siguiente, en efecto, Petronio bajó de la torre con un banquito de madera que nadie supo hasta entonces para qué servía, y llevó a José Arcadio Segundo a una huerta cercana. El muchacho se aficionó tanto a aquellas incursiones nocturnas, que pasó mucho tiempo antes de que se le viera en la tienda de Catarino. (198)

La tercera y última referencia que mencionaré es la que se da en relación a la puritana Fernanda, la esposa de Aureliano Segundo.

Es inmediatamente después de la ceremonia en la cual ambos son declarados marido y mujer que Fernanda sorprende a su esposo:

> [...] llevaba un precioso calendario con llavecitas doradas en el que su director espiritual había marcado con tinta morada las fechas de abstinencia venérea. Descontando la Semana Santa, los domingos, las fiestas de guardar, los primeros viernes, los retiros, los sacrificios y los impedimentos cíclicos, su anuario útil quedaba reducido a 42 días desperdigados en una maraña de cruces moradas. Aureliano Segundo, convencido de que el tiempo echaría por tierra aquella alambrada hostil, prolongó la fiesta de la boda más allá del término previsto. Agotada de tanto mandar al basurero botellas vacías de brandy y champaña para que no congestionaran la casa, y al mismo tiempo intrigada de que los recién casados durmieran a horas distintas y en habitaciones separadas mientras continuaban los cohetes y la música y los sacrificios de reses, Úrsula recordó su propia experiencia y se preguntó si Fernanda no tendría también un cinturón de castidad que tarde o temprano provocara las burlas del pueblo y diera

origen a una tragedia. Pero Fernanda le contestó que simplemente estaba dejando pasar dos semanas antes de permitir el primer contacto con su esposo. Transcurrido el término, en efecto, abrió la puerta de su dormitorio con la resignación al sacrificio con que lo hubiera hecho una víctima expiatoria, y Aureliano Segundo vio a la mujer más bella de la tierra, con sus gloriosos ojos de animal asustado y los largos cabellos color de cobre extendidos en la almohada. Tan fascinado estaba con la visión que tardó un instante en darse cuenta de que Fernanda se había puesto un camisón blanco, largo hasta los tobillos y con mangas hasta los puños, y con un ojal grande y redondo primorosamente ribeteado a la altura del vientre. Aureliano Segundo no pudo reprimir una explosión de risa.

—Esto es lo más obsceno que he visto en mi vida —gritó, con una carcajada que resonó en toda la casa—. Me casé con una hermanita de la caridad (221-222).

Veamos ahora en qué consiste la desmitificación que, según yo, hace Gabriel García Márquez del horror a la sexualidad en estas citas.

En la primera cita el autor de *Cien años de soledad* menciona el hecho de que San Agustín no se quitó el jubón durante catorce años. Uno no puede dejar de pensar que si no se quitó el jubón que cubría solamente de los hombros a la cintura, menos se iba a quitar la prenda íntima que cubría su sexo. Me parece que esta es una burla que hace Gabriel García Márquez de la obsesión que tenía el santo con respecto a la concupiscencia de la carne.

En consonancia con esto, habría que reflexionar sobre algo que dice Andrea Gutterman sobre la sociedad europea entre los siglos XVI y XVIII, y que tiene que ver con la limpieza corporal y la posibilidad de pecar:

> En estos años el desprecio por el cuerpo se manifestó en las prácticas ascéticas que llevaban a considerar como un estado natural la suciedad corporal. Se pensaba que más valía que el cuerpo estuviera sucio a que se corriera el riesgo de <<manchar la radiante fuerza del alma inmortal>>. Las reglas de los monasterios establecían, por ejemplo, que los frailes podían bañarse dos veces al año, en caso de estar sanos y sólo se autorizaban otros baños en caso de enfermedad. Con los años se flexibilizó un poco este criterio y hasta se llegó a afirmar que <<bañarse no es pecado en sí, pero debe tomarse por necesidad y no por placer>>. Muchos santos católicos consideraban un orgullo el no haberse bañado nunca en la vida y ni siquiera haberse <<lavado las manos>>.[167]

---

[167] Andrea Gutterman: *Mejore su salud con el agua. Todo sobre los poderes curativos del agua y su importancia en la vida del*

Reiterando, entonces, considero que la sátira que García Márquez hace sobre San Agustín es una forma de desmitificar el horror a la sexualidad, pues la paranoia del santo lo llevó a situaciones tan ridículas como el no quitarse el jubón por catorce años; ¿fue por temor a pecar?

En la segunda cita, estimo que la desmitificación la encontramos precisamente en la pregunta que hace el padre Antonio Isabel a José Arcadio Segundo con respecto a si había hecho cosas malas con animales. Dicha desmitificación se da en cuanto a que el papel del cura es prevenir que se siga pecando, y sin embargo, en esta ocasión, y de manera ingenua, el confesor contribuye a que el confesado peque más, ya que le sugiere otras formas de experimentar el sexo.

Con sobrada razón Pierre J. Payer dice que

> Theodulf of Orleans [...] recomienda el uso de un penitencial con el propósito de ayudar a los penitentes a recordar sus pecados. Pero presenta una advertencia con respecto a su uso: "Sin embargo, él [el sacerdote] no debe hacerle saber [al penitente] todos los crímenes, puesto que hay muchos vicios contenidos en el penitencial que no es apropiado que sepa. Por lo tanto, el sacerdote no debe cuestionarlo con respecto a todo, no sea que, tal vez, cuando se vaya sea persuadido por

hombre, Cómo utilizar las técnicas hidroterápicas más eficaces y experimentadas, Barcelona, España, Fapa Ediciones, 1998, pág. 11.

> el Diablo a caer en uno de estos crímenes que no
> conocía antes."[168] (tm)

Es el confesor mismo, entonces, quien inicia a José Arcadio Segundo en lo que los penitenciales llamaban bestialidad. Ya Petronio se encargaría de informarle después que no iba a ser el único, que efectivamente "[…] hay cristianos corrompidos que hacen sus cosas con las burras". Y más tarde hasta lo adiestraría en el arte de hacerlo.

Juzgo que la desmitificación del horror a la sexualidad también la lleva a cabo García Márquez en esta cita al convertir lo que la doctrina oficial de la Iglesia considera un pecado grave, la bestialidad, el "hacer cosas malas con las burras", en una aventura que provoca la risa. Basta con imaginarse a Petronio encaramado en el banquito de madera, tratando de alcanzar desesperadamente a la burra. El hecho de que sea Petronio quien anda haciendo tales cosas es también muy significativo, pues el asistente del cura no es un simple cristiano, es un sacristán. Y como tal, es un individuo que está muy cerca a las cosas sagradas; por lo tanto, se requiere de él cierta pureza, de la cual carece, pues de día atiende las cosas de Dios y de noche atiende las cosas de las burras.

Esta dicotomía moral del sacristán me hace pensar que la intención de Gabriel García Márquez es la de hacer resaltar la

---

[168] Pierre J. Payer: *SEX and the Penitentials: The Development of a Sexual Code 550-1150*, Toronto Buffalo London, University of Toronto Press, 1984, pág. 56 cita a Theodulf of Orleans, Second Diocesan Statute 2.65 (De Clercq 1.345; PL 105.219B).

hipocresía de la Iglesia: Ante los ojos de la sociedad, o durante el día, sus ministros son puros, pero en lo oscurito, se van con las burras. A parte de esto, creo que el autor tiene el propósito de mostrar que no porque uno sea cristiano tiene que negar la naturaleza humana.

De esta manera estimo que el escritor colombiano despoja o desmitifica esa teología agustiniana que insiste en que la sexualidad es válida solamente si es para procrear, y no para disfrutar.

En la tercera cita, podemos ver la desmitificación del horror a la sexualidad en la manera como García Márquez ridiculiza el puritanismo de Fernanda, la esposa de Aureliano Segundo.

Para empezar, no se puede ignorar el hecho de que Fernanda llevaba consigo un calendario que le había dado su **director espiritual** y en donde se especificaban los días en que había que guardar abstinencia sexual. Me parece que García Márquez hace una desmitificación de la abstinencia sexual dictada por la Iglesia por medio de un sarcasmo desmedido, especialmente si reparamos en el hecho de que las "llavecitas doradas", en el mundo eclesiástico, tienen que ver con la cerradura de la puertecilla del sagrario y no con la sexualidad femenina.

En otro plano, juzgo que la desmitificación de la sexualidad también se muestra al darnos cuenta de que después de los días en que según el calendario había que guardar abstinencia venérea, los únicos hábiles eran exactamente cuarenta y dos. Esto, por supuesto, no deja de tener cierta comicidad, pues nos imaginamos la cara de tristeza que ha de haber puesto el marido, quien, como todo miembro de la familia Buendía, poseía un apetito sexual extraordinario. Y para enfatizar que esta iba a ser una causa de luto para Aureliano Segundo, el autor, pienso yo, va más lejos con su sarcasmo al explicarnos que el director espiritual de Fernanda había escrito con tinta de color morado —casualmente el mismo color que usa la Iglesia para expresar duelo— las fechas de abstinencia venérea.

Por otro lado, tampoco perdamos de vista el hecho de que Fernanda no quiere intimidar con Aureliano Segundo durante las dos primeras semanas. Y cuando finalmente acepta hacerlo, se pone "un camisón blanco, largo hasta los tobillos y con mangas hasta los puños, y con un ojal grande y redondo primorosamente ribeteado a la altura del vientre". La actitud de Fernanda se me antoja parecida a aquella de San Agustín, pues ambos parecen estar muy preocupados por cubrir sus cuerpos y evitar así la ocasión de pecar.

Sin embargo, en el caso de Fernanda, su actuación es tan ridícula ante lo que debería ser tan natural —el desnudarse y hacer el amor con su cónyuge— que causa la burla de su esposo y éste termina comparándola con "una hermana de la caridad", lo cual constituye en sí una mofa y a través de ésta la desmitificación del horror a la sexualidad.

En resumen, por medio de toda esta ridiculización perspicaz, me parece que Gabriel García Márquez destruye el concepto moralista y pecaminoso que la Iglesia ha impuesto sobre el placer sexual. Se me antoja pensar que por medio de la parodia el escritor quiere informar al lector que la sexualidad es parte del ser humano y que, como tal, debe disfrutarse sin considerársele como algo sucio, prohibido o perverso.

Veamos ahora lo que dice la doctrina oficial de la Iglesia con respecto a este tema.

Según el catecismo,

> La *lujuria* es un deseo o un goce desordenado del placer venéreo. El placer sexual es moralmente desordenado cuando es buscado por sí mismo, separado de las finalidades de procreación y de unión.[169]

> Por *masturbación* se ha de entender la excitación voluntaria de los órganos genitales a fin de obtener un placer venéreo. "Tanto el Magisterio de la Iglesia, de acuerdo con una tradición constante, como el sentido moral de los fieles, han afirmado sin ninguna duda que la masturbación es un acto intrínseca [sic] y gravemente desordenado". "El uso deliberado de la facultad sexual fuera de las relaciones conyugales normales contradice a su finalidad, sea cual fuere el motivo que lo determine". Así, el goce sexual es buscado aquí al margen de "la relación sexual requerida por el orden moral; aquella relación que realiza el sentido íntegro de la mutua entrega y de la procreación humana en el contexto de un amor verdadero" (CDF, decl. "Persona humana" 9).[170]

---

[169] *Catecismo...*, ob. cit., No. 2351, pág. 514.
[170] Ibid., No. 2352, pág. 514.

> La *fornicación* es la unión carnal entre un hombre y una mujer fuera del matrimonio. Es gravemente contraria a la dignidad de las personas y de la sexualidad humana, naturalmente ordenada al bien de los esposos, [...].[171]

Ahora bien, desde el punto de vista de la Teología histórica, como dice Hans Küng:

> [...] para Agustín estaba claro que idealmente el acto sexual debería tener lugar solamente para la procreación de los niños. El placer sexual por sí mismo era pecaminoso y debía suprimirse; no podía concebir que el placer sexual pudiera enriquecer la relación entre esposo y esposa.[172] (tm)

Esta manera de ver la sexualidad como algo pecaminoso, desafortunadamente, tendría una influencia definitiva en el mundo cristiano, pues como nos indica otra vez Küng:

> Este legado de Agustín que envilecía la libido sexual representó una carga tremenda para los hombres y las mujeres de la Edad Media, la Reforma, y más allá. Y aún en nuestros días un Papa ha declarado con toda seriedad el punto de vista de que en el matrimonio un esposo puede ver

---

[171] Ibid., No. 2353, pág. 515.
[172] Küng: *Christianity...*, ob. cit. pág. 295.

a su esposa impúdicamente si lo hace solamente
por placer [...].[173] (tm)

Y continúa Küng:

> Como lo indicó el teólogo moralista católico Josef
> Georg Ziegler, quien investigó las obligaciones
> penitenciales que luego se adhirieron a los libros
> de penitencia, "los efectos devastadores de la
> asociación que hizo Agustín entre el pecado
> original y el placer sexual fueron que con el
> transcurso de los siglos se eliminó un acercamiento
> abierto al acto sexual dentro del matrimonio y al
> matrimonio en general".[174] (tm)

Efectivamente, los seguidores del pensamiento de San
Agustín se encargarían de satanizar el placer sexual a través de
los siglos. De ahí que dentro de la Iglesia católica se inventaran
los llamados penitenciales cuya finalidad era la de imponer
grandes castigos o penitencias a aquellos que osaran disfrutar
del sexo, simplemente por disfrutarlo. Aparte de castigar, el
propósito de tales libretos de referencia era claro: el desanimar
a los creyentes que disfrutaran del sexo. En este sentido,
tendríamos que compadecernos de Petronio, por ejemplo,

---

[173] Ibidem.
[174] Ibid., pág. 361 y cita a: J. G. Ziegler: Die Ehelehre der Pönitential-
summen von 1200-1350. EineUntersuchung zur Geschichte der
Moral—und Pastoraltheologie, Regensburg 1956, 169.

pues, de acuerdo al penitencial de Theodore, el castigo que el sacristán debía recibir por la puntada del banquito era de diez a quince años de penitencia la cual incluía, durante parte del tiempo, el permanecer solamente a pan y agua.[175]

El pensamiento de San Agustín también es responsable de que Fernanda, la esposa de Aureliano Segundo, se haya presentado ante éste con "un precioso calendario con llavecitas doradas en el que su director espiritual había marcado con tinta morada las fechas de abstinencia venérea." Y es que efectivamente los penitenciales, siguiendo devotamente el pensamiento anti sexual del santo africano, diseñaron un calendario que reducía la actividad sexual del individuo en aproximadamente un ochenta por ciento al año.[176] Sobre esta situación Küng comenta:

> Esta *moralidad, hostil al placer,* estipulaba con una casuista inmisericorde que:
>
> —las parejas casadas deben de contenerse de llevar a cabo el acto sexual no solamente durante la menstruación y en los periodos antes y después de dar a luz, sino también durante todos los domingos y días en los que se celebran fiestas de importancia, así como durante sus vigilias y la Semana Santa. No hay duda aquí que la intención era una *rigurosa limitación del acto sexual en el matrimonio* y también dar al placer, aun dentro

---

[175] Cf. Payer: ob. cit., pág. 133.
[176] Cf. Ibid., Appendix B, págs. 127-128.

del matrimonio, una segunda importancia. La
estimulación sexual era intrínsecamente mala,
inclusive si era involuntaria. Solamente durante
el transcurso del siglo trece finalmente el punto
de vista pecaminoso de cualquier clase de placer
disminuyó. Sin embargo, suficiente rigorismo
pesimista sobre el sexo y el matrimonio continuó:
el placer sexual sólo se legitimaba por otros
motivos —principalmente el de tener el propósito
de procreación.[177] (tm)

De ahí que el mismo Küng concluya que "Tenemos que
reflexionar sobre la represión sexual que crearon los
innumerables penitenciales con sus frecuentes y contradictorios
catálogos de pecados y castigos —todo en nombre de Dios y
de la Iglesia"[178] (tm). Porque es verdad que la situación se
fue a los extremos y abarcó no solamente a los laicos sino al
mismo clero. Consideremos, por ejemplo, que

> Para el clero, del cual desde la reforma de
> Bonifacio se había requerido que observara
> continencia sexual bajo pena de drásticos castigos,
> este [rigorismo sexual y moralista] significó que
> cualquiera que quisiera estar en contacto con
> las cosas sagradas debía tener manos 'puras',
> 'sin mancha' (de ahí, aún ahora, la unción de

---

[177] Küng: *Christianity...*, ob. cit., págs. 23-30 y 362.
[178] Ibid., pág. 361.

las manos en la ordenación de los sacerdotes).
Sexo, inclusive involuntario (emisión de semen)
o permisible (en el matrimonio), los excluía de
encontrarse con lo sagrado.[179] (tm)

Dicho de paso habría que comentar, entonces, que de acuerdo a esta cita, nuestro buen amigo Petronio no debía estar en contacto con las cosas sagradas, pues ya se sabe que al mismo tiempo andaba persiguiendo las burras. Esto, desde luego, y a mi parecer, no es más que otra burla de parte de García Márquez con respecto a la obsesión por el horror a la sexualidad.

Y para concluir este punto, me gustaría observar que las afirmaciones de la Teología histórica sirven como refuerzo a lo que yo pienso es una desmitificación que Gabriel García Márquez hace del horror a la sexualidad al burlarse de la obsesión de la Iglesia católica por esta cuestión. Me parece que la Teología histórica afirma lo que de una manera irónica, opino yo, expresa el autor de *Cien años de soledad,* y esto es que la única finalidad de la sexualidad no es el de procrear, que la sexualidad del ser humano está allí también para disfrutarse, y esto incluye, sí, el experimentar placer sin agobiarse con el remordimiento.

---

[179] Ibidem.

4. LA AUTENTICIDAD DE LAS SAGRADAS ESCRITURAS COMO REVELACIÓN DIVINA

El siguiente punto que voy a tratar es el de la desmitificación de la autenticidad de las Sagradas Escrituras como revelación divina en *Cien años de soledad.*

Un rastreo de las referencias con respecto a este tema en la novela de García Márquez nos permite mencionar específicamente dos citas.

La primera tiene que ver con el momento en que José Arcadio Buendía lleva a sus hijos a la "feria multitudinaria" y murmura ante un témpano de hielo:

> —Es el diamante más grande del mundo.
>
> —No —corrigió el gitano—. Es hielo.
>
> José Arcadio Buendía, sin entender, extendió la mano hacia el témpano, pero el gigante se la apartó. <<Cinco reales más para tocarlo>>, dijo. José Arcadio Buendía los pagó, y entonces

puso la mano sobre el hielo, y la mantuvo puesta
por varios minutos, mientras el corazón se le
hinchaba de temor y de júbilo al contacto del
misterio. Sin saber que decir, pagó otros diez
reales para que sus hijos vivieran la prodigiosa
experiencia. El pequeño José Arcadio se negó a
tocarlo. Aureliano, en cambio, dio un paso hacia
delante, puso la mano y la retiró en el acto. <<Está
hirviendo>>, exclamó asustado. Pero su padre no
le prestó atención. Embriagado por la evidencia
del prodigio, en aquel momento se olvidó de
la frustración de sus empresas delirantes y del
cuerpo de Melquíades abandonado al apetito de
los calamares. Pagó otros cinco reales, y con la
mano puesta en el témpano, como expresando un
testimonio sobre el texto sagrado, exclamó:

—Este es el gran invento de nuestro tiempo.
(24-25)

La segunda cita se refiere a cuando una monja trae al hijo
de Meme para entregárselo a su abuela, Fernanda, la esposa
de Aureliano Segundo.

Al abrirle, Santa Sofía de la Piedad pensó que
era un regalo y trató de quitarle la canastilla
cubierta con un primoroso tapete de encaje. Pero
la monja lo impidió, porque tenía instrucciones de
entregársela personalmente, y bajo la reserva más

estricta, a doña Fernanda del Carpio de Buendía. Era el hijo de Meme. El antiguo director espiritual de Fernanda le explicaba en una carta que había nacido dos meses antes, y que se habían permitido bautizarlo con el nombre de Aureliano, como su abuelo, porque la madre no despegó los labios para expresar su voluntad. Fernanda se sublevó íntimamente contra aquella burla del destino, pero tuvo fuerzas para disimularlo delante de la monja.

—Diremos que lo encontramos flotando en la canastilla —sonrió.

—No se lo creerá nadie —dijo la monja.

—Si se lo creyeron a las Sagradas Escrituras —replicó Fernanda—, no veo por qué no han de creérmelo a mí. (312)

La desmitificación de la autenticidad de las Sagradas Escrituras como revelación divina en la obra maestra del colombiano consiste en lo siguiente:

En la primera cita la desmitificación se da en el momento en que José Arcadio Buendía "[...] con la mano puesta en el témpano, como expresando un testimonio sobre el texto sagrado, exclamó:

—Este es el gran invento de nuestro tiempo."

Me parece que García Márquez, de una manera muy perspicaz, lo que realmente está diciendo es que el texto sagrado es "el gran invento de nuestro tiempo", pues juzgo que la yuxtaposición de la imagen de "la mano puesta en el témpano, como expresando un testimonio sobre el texto sagrado" y la expresión "—Este es el gran invento de nuestro tiempo" es completamente intencionada; no atiende a un mero accidente.

Claro, sabemos de antemano que el cristiano común nunca cuestionaría la autenticidad de las Sagradas Escrituras, y la Iglesia, por su parte, le ayuda a perpetuar ese estado, manteniéndolo alejado de los descubrimientos de la Teología histórica.[180]

Pero hay individuos que sí cuestionan la legitimidad de la Biblia. Tenemos por ejemplo a Mircea Eliade quien expresa: "[…] la gran originalidad del judeo-cristianismo fué [sic] la transfiguración de la Historia en Teología".[181] Y por su parte Alhaj D. Ajijola declara: "La Biblia puede cambiarse en cualquier momento por los líderes cristianos"[182] (tm).

En base a lo que expresan estos dos escritores, no me parecería una exageración afirmar que sus palabras encuentran eco en la parodia que el autor de *Cien años de soledad* hace sobre el texto sagrado. Esta parodia, desde mi punto de vista, tiene toda la intención de desmitificar las Sagradas Escrituras como revelación divina y regresarlas a su condición humana.

En la segunda cita, creo que la desmitificación de las Sagradas Escrituras se establece de una manera más explícita, pues, aquí, Fernanda declara que explicará la existencia de

---

[180] Cf. Küng: *Christianity...*, ob. cit., pág. 23.
[181] Mircea Eliade: *Imágenes y símbolos*, Versión española de Carmen Castro, España, Taurus Humanidades, 1955, pág. 178.
[182] Ajijola: ob. cit., pág. 102.

Aureliano, hijo de Meme, de la misma manera que la Biblia la explica sobre Moisés. Dice Fernanda: "Diremos que lo encontramos flotando en la canastilla", y cuando la monja le responde: "No se lo creerá nadie", ella contesta: "Si se lo creyeron a las Sagradas Escrituras […], no veo por qué no han de creérmelo a mí."

La desmitificación consiste en que Fernanda pretende usar una historia bíblica para encubrir un hecho que de otra manera traería vergüenza y deshonra a su hogar. En pocas palabras, usa la historia de Moisés en la canastilla para justificar su mentira. Sus palabras: "Si se lo creyeron a las Sagradas Escrituras […], no veo por qué no han de creérmelo a mí" sugieren que, desde su punto de vista, la historia de la Biblia es también una falsedad. Y podría tener razón especialmente si nos fijamos en eso que dice Jeffrey L. Sheler en cuanto a que "Ni siquiera hay evidencia alguna de que Moisés existió"[183] (tm). Esto, entonces, es lo que, creo, constituye precisamente la desmitificación de la autenticidad del texto sagrado como revelación divina, que el autor hace en *Cien años de soledad.*

Conozcamos ahora la postura de la doctrina oficial de la Iglesia en relación a este tema.

El catecismo establece que

> *Dios es el autor de la Sagrada Escritura.*
> "Las verdades reveladas por Dios, que se contienen y manifiestan en la Sagrada Escritura,

---

[183]   Sheler: ob. cit., pág. 54.

se consignaron por inspiración del Espíritu Santo".[184]

"La santa madre Iglesia, fiel a la base de los apóstoles, reconoce que todos los libros del Antiguo y del Nuevo Testamento, con todas sus partes, son sagrados y canónicos, en cuanto que, escritos por inspiración del Espíritu Santo, tienen a Dios como autor, y como tales han sido confiados a la Iglesia"[…].[185]

Dios ha inspirado a los autores humanos de los libros sagrados. "En la composición de los libros sagrados, Dios se valió de hombres elegidos, que usaban de todas sus facultades y talentos; de este modo, obrando Dios en ellos y por ellos, como verdaderos autores, pusieron por escrito todo y sólo lo que Dios quería"[…].[186]

Los libros inspirados enseñan la verdad. "Como todo lo que afirman los hagiógrafos, o autores inspirados, lo afirma el Espíritu Santo, se sigue que los libros sagrados enseñan sólidamente, fielmente y sin error la verdad

---

[184] *Catecismo…*, ob. cit., No. 105, pág. 34.
[185] Ibidem.
[186] Ibid., No. 106, pág. 34.

que Dios hizo consignar en dichos libros para salvación nuestra"[…].[187]

Sin embargo, la Teología histórica ha producido una posición un tanto divergente a la considerada por la doctrina oficial de la Iglesia. Veamos.

En cuanto a que Dios es el autor de las Sagradas Escrituras, Jeffery L. Sheler aclara:

> Como el Primer Concilio Vaticano a finales de 1860 lo expresó, las Escrituras 'tienen a Dios como su autor'.
>
> Y sin embargo, la Biblia no especifica como precisamente se lleva a cabo la inspiración divina —ya sea que, como algunos creen, es 'verbal' y 'plenaria' (cada palabra y cada letra dictada por Dios), o ya sea que supone una forma de colaboración humano-divina menos impositiva […]. Los teólogos han discutido sobre estas cuestiones desde, por lo menos, el siglo dos. El historiador no puede contribuir con mucho a esta discusión excepto con la prueba de que tal reclamo se hizo.[188] (tm)

En todo caso, "La formación de las Escrituras cristianas fue un proceso lento y gradual. En los primeros años de la Iglesia

---

[187] Ibid., No. 107, pág. 35.
[188] Sheler: ob. cit., pág. 23.

el mensaje del cristianismo fue transmitido oralmente [...].
La tradición oral de los apóstoles continuaría siendo recitada
hasta ya entrado el siglo dos"[189] (tm). Esta situación se prestó
a que sin duda alguna se diera la intervención humana; es
decir, que se hicieran contribuciones a las Sagradas Escrituras
que no necesariamente se apoyaban en una revelación divina.
Y es que como dice Hans Küng, "[...] fue evidente que aun
los mandamientos y prohibiciones contenidos en la Biblia
son mediados por los humanos [...]"[190] (tm). Y más adelante
agrega: "Aun las exigencias éticas del Tora, la 'instrucción',
los 'cinco libros de Moisés', no han caído simplemente del
cielo, ni en contenido ni en forma [...]"[191] (tm). Por lo tanto,
de una cosa debemos estar seguros, manifiesta Jeffrey Sheler,
y esto es que "La Biblia y sus fuentes continúan firmemente
arraigadas a la historia"[192] (tm).

En la actualidad, y gracias a la Teología histórica, es
posible probar que el reclamo de que las Sagradas Escrituras
son inspiración divina no encuentre total apoyo, especialmente
entre aquellos teólogos que han hecho una investigación seria
al respecto. Lo cierto es que, añade Sheler, "No importa lo que
uno piense hoy en día sobre la noción de inspiración divina y
el papel que jugó en la formación de la Biblia, está claro que
el proceso de la formación del canon fue un proceso humano

---

[189] Ibid., pág. 18.
[190] Küng: *Christianity...*, ob. cit., pág. 29.
[191] Ibidem.
[192] Sheler: ob. cit., pág. 41.

e histórico"[193] (tm). En este caso no se rectificó si los libros habían sido revelados por Dios o no. Basta con recordar, sostiene Ajijola,

> [...] que el Nuevo Testamento fue canonizado en el año 325 en el concilio de Nicea, en donde 27 libros fueron elegidos por mayoría de voto [...]. Los libros que fueron aceptados [...] tenían muy poca evidencia histórica con respecto a su autenticidad [...]. Es imposible conocer con certeza los verdaderos autores de estos libros. El reclamo de que estos libros fueron inspirados aún queda por probarse.[194] (tm)

Si es cierto que el Nuevo Testamento se canonizó en el siglo IV, entonces, ¿cómo se le consideraba antes de su canonización? "La verdad parece ser que el Nuevo Testamento al principio no fue considerado seriamente como un Libro revelado"[195] (tm).

Ahora bien, al hablar sobre cómo ha sufrido la Biblia alteraciones a manos de los humanos, a través de los siglos, tendríamos que indicar primero que

> Los libros incluidos en el Nuevo Testamento no constituyen las máximas que pronunciaron

---

[193] Ibid., pág. 15-16.
[194] Ajijola: ob. cit., pág. 77.
[195] Ibid., pág. 105.

> Jesucristo o sus discípulos. Tanto Jesús como sus
> discípulos eran judíos. Si algunas de las máximas
> de Jesús fueran encontradas, preservadas en su
> forma original, tendrían que estar en hebreo. Lo
> mismo se tendría que decir sobre las máximas de
> sus discípulos. Pero no existe ninguna copia en el
> mundo del Nuevo Testamento en hebreo antiguo.
> Las copias antiguas están todas en griego.[196] (tm)

Ante esta situación, entonces, tenemos la gran posibilidad
de que muchas variaciones se fueron acomodando en el texto
del Nuevo Testamento a causa de la falta de atención o del
juicio mismo del copista. Pues bien sabido es que los copistas
de antaño no tenían el cuidado que ahora se tiene para copiar
fielmente un original. Algunas veces se hacían correcciones
por cuestión gramatical o de estilo. Pequeños cambios se
hacían para evitar dificultades. En ocasiones los glosarios o
notas originalmente escritas en los márgenes se incorporaban
en el texto. En fin, todo esto hace pensar que algunas partes del
Nuevo Testamento no son escritos apostólicos y por lo tanto
no constituyen una revelación divina, pues la intervención
humana ha cambiado la revelación original, de tal manera
que es irreconocible.[197] Así que, dice el Rev. Griffith Jones,
citado por Ajijola, "[…] la Biblia según la tenemos hoy es un
cuerpo de literatura bastante editado, y los varios editores han
tratado sus primeras fuentes con una libertad considerable: sin

---

[196]   Cf. Ibid., pág. 85.
[197]   Cf. Ibid., págs. 106-107 y 111.

ser muy hábiles con respecto a su trato"[198] (tm). A todo esto hay que agregar el hecho de que "[...] El Nuevo Testamento en los primeros tiempos no tenía autoridad canónica y de hecho se le hicieron alteraciones y adiciones, las cuales se consideraron como mejoras"[199] (tm). Es a consecuencia de estas alteraciones que los cuatro Evangelios canónicos distan mucho del Evangelio original de Jesucristo. La manera en que fueron escritos y las circunstancias a las que han sido expuestos nos indican que no se les puede confiar en cuanto a que sean lo que verdaderamente dijo Jesús.[200] El problema es que los dichos Evangelios, como lo indica el profesor C. J. Cadoux, contienen una verdadera plaga de contradicciones entre sí, tal vez a causa del material proveniente de diferentes autores, de tal manera que no se sabe qué en ellos es histórico y qué es mítico.[201]

Como prueba de la manera en que los Evangelios han sido desfigurados, dice Alhaj D. Ajijola, tenemos por ejemplo que

> [...] las únicas dos referencias con respecto a
> la Ascensión de Jesús que se encontraban en el
> Evangelio de Marcos y Lucas han sido removidas.
> Antes de que desaparecieran estos pasajes se leían

---

[198] Rev. E. Griffith Jones, B.A., D.D., Principal of the United College, Bradford: *The Bible—Its Meaning and Aim*" contributed to the commentary on the Bible edited by Arthur S Peake, M.A., D.D. citado por Ajijola: ob. cit., pág. 93.

[199] Ajijola, A. D.: ob. cit., pág. 105.

[200] Cf. Ibid., pág. 92.

[201] Cf. Ibid., págs. 92-93, cita a: profesor C. J. Cadoux: ob. cit.

así: 'El Señor Jesús, después de hablarles, fue levantado al cielo y está sentado a la diestra de Dios.' (Marcos 16:19)

'Y sucedió que mientras los bendecía, se alejaba de ellos y era llevado al cielo.' (Lucas 24:51)

Hasta donde se sabe el verso pertinente en el Evangelio de Marcos ha sido eliminado junto con otros versos que inmediatamente le precedían o le seguían. Pero el verso 51 del capítulo 24 de Lucas ahora se lee de esta forma: 'Mientras los bendecía se alejaba de ellos.' Las palabras 'llevado a los cielos' han desaparecido.[202] (tm)

En pocas palabras, continúa Ajijola, refiriéndose al hecho de que el Nuevo Testamento fue escrito mucho después de la muerte de Jesucristo:

Libros de esta naturaleza, compuestos de 100 a 200 [sic] años después de Jesús por autores desconocidos y atribuidos por ellos mismos a Jesús y sus discípulos son de un uso limitado para cualquier creyente hoy en día. Es necesario, por lo tanto, que se nos envíe otro libro de los cielos, libre de defectos, y uno que los lectores consideren como la verdadera palabra de Dios.[203] (tm)

---

[202] Ibid., pág. 103.
[203] Ibid., pág. 88.

Pero, ¿qué con respecto al Viejo Testamento? Otra vez, Ajijola observa lo siguiente:

> Al examinar el Viejo Testamento, uno descubre que sufre de muchos defectos, interpolaciones y cambios en la forma, así como en el contenido. Estos defectos son de tal magnitud que no hay casi nadie que acepte la autenticidad del Viejo Testamento como verdadera y exacta revelación divina hecha a los santos profetas de Israel.[204] (tm)

Y más adelante agrega:

> Admitiendo que los judíos, cristianos y musulmanes están de acuerdo en que Dios realmente les habló a los profetas del Viejo Testamento, la evidencia tanto externa como interna ya no apoya el punto de vista que dice que los documentos del Viejo Testamento, según los poseemos en la actualidad, constituyen la palabra de Dios, según fue revelada en un principio.[205] (tm)

Pues

> De la historia de Israel aprendemos que en el tiempo de Nabucodonozor los libros de Israel fueron

---

[204] Ibid., pág. 137.
[205] Ibidem.

quemados y destruidos. Fueron escritos otra vez por Ezra, y de acuerdo a un examen minucioso, hay mucha evidencia interna que muestra que los libros han sido interferidos [...].[206] (tm)

Consecuentemente, existen dudas en las mentes de muchos teólogos con respecto a la autenticidad de ciertos eventos bíblicos del Antiguo Testamento. Para ejemplificar el caso, mencionemos solamente dos. He aquí lo que dice Jeffery L. Sheler con respecto al diluvio universal:

[...] casi todos los estudiosos de la Biblia consideran la historia del diluvio un mito o un cuento popular o lo asignan a otra categoría de literatura que permite una interpretación alegórica [...]. Al igual que como con la narración de la creación, [...] la evidencia y argumentos de la ciencia se amontonan contra una interpretación literal de la historia del diluvio.[207] (tm)

El mismo Sheler, con respecto al éxodo, estima que

Mientras los arqueólogos buscan rastros del viaje nómada que duró cuarenta años en el desierto Sinaí (rastros que hasta el momento no han sido descubiertos), ¿qué clase de evidencia desean

---

[206] Ibidem.
[207] Sheler: ob. cit., pág. 54.

encontrar que verifique la afirmación de la Biblia de que Dios se presentó ante los israelitas en una columna de fuego, los alimentó con maná del cielo y, finalmente, los condujo a la Tierra Prometida?[208] (tm)

Y más adelante observa:

Inscripciones del antiguo Egipto no contienen ninguna mención de esclavos hebreos, de las devastadoras plagas que menciona la Biblia que precedieron a su liberación o de la destrucción del ejército del faraón durante la milagrosa travesía de los israelitas por el Mar Rojo (o tal vez el mar de carrizos). No se ha encontrado rastro físico del viaje nómada de los israelitas en el desolado desierto Sinaí. Ni siquiera hay evidencia alguna de que Moisés existió.

Esta falta de evidencia fuera de la Biblia, junto con ciertas aparentes inconsistencias en la cronología de la Biblia, han hecho que algunos estudiosos de la Biblia concluyan que la historia del éxodo es pura leyenda. "La evidencia presente concerniente al Éxodo," escribe Baruch Halpern, profesor de historia antigua en la Universidad de Pensylvania, "se parece a la evidencia del

---

[208] Ibid., pág. 67.

unicornio." […] los arqueólogos, hasta el
momento, no han encontrado evidencia directa
que confirme la historia bíblica.[209] (tm)

Y para concluir este tema, falta solamente mencionar lo
que el profesor de la Universidad de Arizona, William Dever,
tan elocuentemente ha observado, y esto es que, después de
aproximadamente cien años de investigación sobre los primeros
orígenes israelitas, los científicos se encuentran más distantes que
nunca para alcanzar un consenso sobre importantes cuestiones
básicas tales como el origen histórico de la alabanza a Yahvé
en la antigua Canaán, la verdadera existencia de los patriarcas
bíblicos, y sobre si en realidad existió un cautiverio y éxodo
de los israelitas. Si el movimiento conocido como 'arqueología
bíblica' tenía como objetivo hacer una reconstrucción del
escenario histórico en donde se dieron estos eventos, entonces
es importante admitir que se ha fracasado.[210]

En conclusión, estos contundentes argumentos de la
Teología histórica, a mi manera de ver, sirven como pilares
irrefutables para apoyar, lo que yo juzgo, es la desmitificación
que Gabriel García Márquez hace de las Sagradas Escrituras
como revelación divina en su obra maestra *Cien años de
soledad.*

---

[209] Ibid., pág. 77 y cita a: Helpern Baruch: "The Exodus from Egypt:
       myth or Reality?", *The Rise of Ancient Israel*, A Symposium
       (Washington, D. C.: Biblical Archeology Society, 1992), 91.
[210] Cf. Ibid., pág. 69 donde cita a: William Dever: "Methods of
       Archeology".

5. EL DIABLO

El siguiente tema a tratar es el del Príncipe de las tinieblas. Se pueden identificar cinco citas importantes en *Cien años de soledad* con relación al Diablo.

La primera de ellas la encontramos durante la visita de Melquíades al laboratorio de José Arcadio Buendía en donde los niños están asombrados con los relatos de "ese ser prodigioso que decía poseer las claves de Nostradamus" (12).

> Úrsula, en cambio, conservó un mal recuerdo de aquella visita, porque entró al cuarto en el momento en que Melquíades rompió por distracción un frasco de bicloruro de mercurio.
>
> —Es el olor del demonio —dijo ella.
>
> —En absoluto —corrigió Melquíades—. Está comprobado que el demonio tiene propiedades sulfúricas, y esto no es más que un poco de solimán. Siempre didáctico, hizo una sabia exposición sobre las virtudes diabólicas del cinabrio, pero Úrsula no le hizo caso, sino que

se llevó los niños a rezar. Aquel olor mordiente
quedaría para siempre en su memoria, vinculado
al recuerdo de Melquíades. (12-13)

La segunda cita la identificamos en el momento en que
García Márquez nos dice que

Francisco el Hombre, así llamado porque
derrotó al diablo en un duelo de improvisación
de cantos, y cuyo verdadero nombre no conoció
nadie, desapareció de Macondo durante la peste
del insomnio y una noche reapareció sin ningún
anuncio en la tienda de Catarino. (59)

La tercera referencia al Demonio la conocemos por boca
del padre Antonio Isabel a causa de la desintegración de sus
facultades mentales. Según el escritor colombiano,

Desde entonces manifestaba el párroco los
primeros síntomas del delirio senil que lo llevó
a decir, años más tarde, que probablemente el
demonio había ganado la rebelión contra Dios,
y que era aquél quien estaba sentado en el trono
celestial, sin revelar su verdadera identidad para
atrapar a los incautos. (197)

La cuarta cita está vinculada a las enseñanzas, también,
del padre Antonio Isabel en su afán por preparar a José

Arcadio Segundo para hacer su primera comunión. Según esto, "Fogueado por la intrepidez de su preceptor, José Arcadio Segundo llegó en pocos meses a ser tan ducho en martingalas teológicas para confundir al demonio, como diestro en las trampas de la gallera" (197-198).

La quinta y última mención al Diablo nos la presenta Gabriel García Márquez cuando dice que "Aureliano no abandonó en mucho tiempo el cuarto de Melquíades. Se aprendió de memoria […] los apuntes sobre la ciencia demonológica […]" (370).

Veamos ahora en qué consiste la desmitificación que hace el autor de *Cien años de soledad* con respecto a Satán.

Me parece que en la primera cita el autor cuestiona la existencia del Demonio de una manera disfrazada, esto es, a través de la idea que la religiosidad popular tiene sobre el olor que despide el ángel de las tinieblas.

Por un lado Úrsula opina a ciegas, sin presentar o mencionar prueba alguna, que el bicloruro de mercurio es el olor del Diablo. Por otro lado Melquíades le informa que "está comprobado que el demonio tiene propiedades sulfúricas".

Todo esto es irrisorio porque aun cuando el sapientísimo Melquíades dice que están comprobadas las características sulfurosas del príncipe de las tinieblas, la verdad es que nadie las ha comprobado. El que San Juan, por ejemplo, haya mencionado en su Apocalipsis que la bestia fue arrojada "al lago de fuego que arde con azufre"[211] no prueba absolutamente

---

[211] Cf. Sagrada Biblia, Traducción española de los textos originales dirigida por el P. Felix Puzo, S. J., profesor de ciencias bíblicas de

nada con respecto a su olor, especialmente si consideramos que los eruditos bíblicos contemporáneos han puesto en duda los puntos de vista del evangelista, después de que la Teología histórica concluyera que el evangelio supuestamente escrito por él, es, en realidad, de un autor desconocido.[212] Y, dicho de paso, si es cierto que el santo influyó con su visión del "lago de fuego que arde con azufre" para atribuirle al Demonio el olor sulfuroso, entonces, el que el concilio de Toledo, en el año 447, reafirmara este hecho, parece realmente burlesco.[213]

Igualmente irrisoria es la forma en que Úrsula decide resolver la confrontación con Melquíades, pues aparentemente no está interesada en escuchar otro punto de vista concerniente al olor de Satanás. Y así, como si lo hiciera para recalcar la terquedad intelectual y el hermetismo tradicional de la Iglesia católica, se lleva a los niños a repetir formulas sin contenido: a rezar.

Opino, entonces, que la desmitificación que hace García Márquez en esta cita en relación al olor del Demonio consiste en que el omnisciente Melquíades —comúnmente cauto y sabio, y quien con sus múltiples perfiles[214] aquí podría representar La Iglesia católica— repite lo mismo que esta Institución, de una manera descabellada.

---

la Pontificia Universidad Gregoriana de Roma, tercera edición, Barcelona, Editores, S. A., 1986, pág. 1603.

[212]   Cf. Ajijola: ob. cit., pág. 91.

[213]   Cf. Jeffrey Burton Russell: *Lucifer: The Devil in The Middle Ages*, Ithaca and London, Ed. Cornell University Press, 1984, págs. 68 y 69 (nota 13).

[214]   Cit. (63), pág. 46.

Y luego, me parece que la desmitificación se reafirma con la actitud de Úrsula al llevarse a los niños a rezar, en lugar de ofrecerles la oportunidad de razonar el caso. Es como si Gabriel García Márquez, supongo, estuviera denunciando la posición ciega y anti-científica de la Iglesia católica.

En la segunda cita, aparte de que el duelo entre Francisco el Hombre y el Diablo bien podría ser una parodia del duelo bíblico entre Jesucristo y el Demonio, la desmitificación de este último se da, según puedo ver, en el momento en que el autor lo presenta con más características de humano que de Diablo. Así por ejemplo, compite con Francisco el Hombre y pierde la apuesta. Aquí tenemos a un diablo parrandero, más interesado en el canto que en la conquista de almas. Porque no podemos decir que realmente el propósito del duelo de la improvisación de cantos era con la finalidad de adueñarse del alma de Francisco el Hombre, pues hay indicaciones de que este personaje ya iba por el camino que el Diablo desearía que fuera: visitaba lugares como la tienda de Catarino.

En esta segunda cita, por consiguiente, pienso que Gabriel García Márquez despoja al Diablo de la imagen tradicional que la Iglesia le ha asignado al involucrarlo en cosas tan humanas como por ejemplo un "duelo de cantos improvisados". De esta forma me parece que el autor de *Cien años de soledad* le resta al Demonio lo que tiene de sobrenatural y lo traslada del mundo de las tinieblas al mundo de los humanos, en donde, como cualquier individuo, hasta "pierde apuestas".

En cuanto a la tercera cita, el autor colombiano desmitifica la imagen tradicional del Demonio formulada por el concilio de

Toledo, según la cual "el Diablo es una aparición monstruosa, de un individuo grande y negro, con cuernos, pesuñas, orejas de asno, garras, ojos de fuego, dientes rechinantes, con un enorme falo y un olor a azufre"[215] (tm). La desmitificación viene, por lo tanto, en el momento en que García Márquez coloca a este ser tan imperfecto en el trono celestial. Esto, definitivamente, es el colmo, dirían muchos, pues no solamente la idea en sí es una irreverencia, sino que, yendo más lejos, para remachar, el escritor la pone en la mente de un cura.

De todos modos, opino que la única intención del autor aquí es la de destruir, por medio de este atrevimiento, la imagen tradicional que se tiene del Demonio.

En la cuarta cita, creo que la intención de Gabriel García Márquez es denunciar, como artificio, todo lo que la Iglesia ha sostenido con respecto al Ángel del mal. El autor lleva a cabo esto al informarnos que como parte de la preparación para la primera comunión de José Arcadio Segundo, el padre Antonio Isabel le enseña "martingalas teológicas para confundir al demonio".

Juzgo que la desmitificación de la doctrina oficial de la Iglesia en cuanto a Satán se manifiesta cuando el cura se ve en la necesidad de enseñar "martingalas teológicas" para burlarlo. Esto desde luego es irónico porque me dice que si la Iglesia, en principio de cuentas, no hubiera inventado artificios diabólicos, no se vería en la penosa necesidad de inventar otros más para burlar lo que ahora no puede explicar.

---

[215] Russell: *Lucifer: The Devil in The Middle Ages*, ob. cit., pág. 69.

En fin, creo que García Márquez, muy a su manera, nos indica que la invención del Demonio es una trampa tendida a los fieles por parte de la Iglesia, y que debe desmantelarse porque, aparte de no tener bases bíblicas para justificar su existencia, hoy en día ya tampoco intimida a nadie.

En la quinta y última cita, puedo ver una burla muy clara, pues el autor de *Cien años de soledad* decide elevar a "ciencia" la invención del Demonio por parte de la Iglesia católica. Y en esto, juzgo, consiste la desmitificación. Por supuesto, aquí no hay ninguna ciencia, pues se trata simplemente de un artificio que la Iglesia inventó, y que los creyentes están obligados a aceptar por fe, de otra manera no podría explicarlo en términos de las Sagradas Escrituras.

Contemplemos ahora cual es la doctrina oficial de la Iglesia con relación a este tópico.

El catecismo nos dice que

> Tras la elección desobediente de nuestros primeros padres se halla una voz seductora, opuesta a Dios (cf. Gn 3, 1-5) que, por envidia, los hace caer en la muerte [...]. La Escritura y la Tradición de la Iglesia ven en este ser un ángel caído, llamado Satán o diablo (cf Jn 8, 44; Ap 12, 9). La Iglesia enseña que primero fue un ángel bueno, creado por Dios. [...] ("El diablo y los otros demonios fueron creados por Dios con una naturaleza buena, pero ellos se hicieron a sí

mismos malos", Cc. De Letrán IV, año 1215: DS 800).[216]

Las Escrituras hablan de un *pecado* de estos ángeles (2P 2, 4). Esta "caída" consiste en la elección libre de estos espíritus creados que *rechazaron* radical e irrevocablemente a Dios y su Reino. Encontramos un reflejo de esta rebelión en las palabras del tentador a nuestros primeros padres: "Sereis como dioses" (Gn 3, 5). El diablo es "pecado desde el principio" (1Jn 3, 8), "padre de la mentira" (Jn 8, 44).[217]

Es el carácter *irrevocable* de su elección, y no un defecto de la infinita misericordia divina lo que hace que el pecado de los ángeles no pueda ser perdonado. "No hay arrepentimiento para ellos después de la caída [...] (S. Juan Damasceno, f.o. 2, 4: PG 94, 877C)".[218]

Sin embargo, el poder de Satán no es infinito. No es más que una criatura, poderosa por el hecho de ser espíritu puro, pero siempre criatura: no puede impedir la edificación del Reino de Dios. Aunque Satán actúe en el mundo por odio contra

---

[216] *Catecismo...*, ob. cit., No. 391, pág. 92.
[217] Ibid., No. 392, págs. 92-3.
[218] Ibid., No. 393, pág. 93.

Dios y su Reino en Jesucristo, y aunque su acción
cause grandes daños –de naturaleza espiritual e
indirectamente incluso de naturaleza física– en
cada hombre y en la sociedad, esta acción es
permitida por la divina providencia que con
fuerza y dulzura dirige la historia del hombre y del
mundo. El que Dios permita la actividad diabólica
es un gran misterio, pero "nosotros sabemos que
en todas las cosas interviene Dios para bien de los
que le aman" (Rm 8, 28).[219]

Orientémonos ahora hacia el lado de la Teología
histórica y veamos lo que ésta ha logrado reunir en torno a la
interpretación del Diablo.

Para empezar, Neil Forsyth nos recuerda que "La Biblia
dice muy poco sobre el Diablo y lo que dice es oscuro y alusivo.
Aparte de esto, textos que aparentemente mencionaban al
Diablo […] parecen dar información contradictoria sobre
él"[220] (tm). La verdad es que existen pruebas claras, por parte
de la Teología histórica, de que la Iglesia tuvo que inventar el
Demonio para servir sus propios intereses, principalmente el
de controlar a los herejes.[221]

Indagando un poco más sobre el tema, debe tenerse
presente que, según Malcolm Godwin, "Los hebreos de la

---

[219] Ibid., No. 395, pág. 93.
[220] Neil Forsyth: *The Old Enimy: Satan The Combat Myth*, New Jersey,
Ed. Princeton University Press, 1987, pág. 14.
[221] Cf. Ibid., págs. 311-317.

edad temprana atribuían todo lo que pasaba en todas partes, ya fuera en el cielo o en la tierra, al Único Dios"[222] (tm). Así, en el Viejo Testamento el mismo Omnipotente tiene dos caras: es el dador de vida, pero también es el dador de muerte; es el que envía cosas buenas a los hombres, pero también es el que les envía destrucción y angustia.[223] La idea dualista de bien y mal representados por dos deidades distintas viene del persa Zoroastro, y "empezó solamente doscientos años antes del nacimiento de Jesucristo"[224] (tm).

Y, ¿qué con respecto a la soberbia del ángel que quiso ser más poderoso que Dios?

> La idea del mal separada del bien o la de ángeles caídos no aparece en absoluto en el Viejo Testamento. En su lugar encontramos *ha-satan*, "el adversario". Y sin embargo este era solamente un sustantivo común que simplemente significaba "un contrario". Posiblemente se refería al título de una oficina como, por ejemplo, la del procurador de justicia, en los tiempos modernos, en lugar de la de una personalidad diabólica.[225] (tm)

---

[222] Malcom Godwin: *Angels: an Endangered Species*, New York-London-Toronto-Sydney-Tokyo-Singapore, Labyrinth Publishing, 1990, pág. 79.

[223] Cf. Ibidem.

[224] Ibidem.

[225] Ibid., pág. 80.

Encontramos referencia a la historia del ángel que se rebela contra Dios, por primera vez, en el libro apócrifo de Enoc: *El libro de los secretos.* Dicha historia, al igual que la idea dualista de bien y mal de Zoroastro, se incorporó en el Nuevo Testamento en el momento en que empezó a ser copilado.[226]

Pero el ángel caído de Enoc, en el Nuevo Testamento, no aparece de una forma explícita, al contrario, se presenta con falta de claridad. Neil Forsyth indica lo siguiente:

> Versiones de esta historia se encuentran implícitas en el Nuevo Testamento,* pero su oscuridad y fragmentación, su presencia como verdad asumida en lugar de verdad revelada han hecho posible que a través de los siglos, los pensadores, desde los primeros alegoristas a los últimos humanistas cristianos, ignoren o eviten el papel del Diablo en el sistema cristiano.[227] (tm)

Efectivamente, es difícil considerar dicha historia como verdad revelada, especialmente si tomamos en cuenta que ya existía en la cultura cananea una historia similar, la cual, posiblemente, fue copiada hasta llegar de una manera

---

[226] Cf. Ibidem.

[227] Forsyth: ob. cit., pág. 7.

* Versiones del mito han sido estudiadas, por ejemplo, por Gunkel 1895, Caird 1956:70-71, Anderson 1967:161-70, Pelikan 1971:95, y 149-150, Starobinski 1974, y Talbert 1976.

fragmentada a la versión bíblica. En relación a esto, Malcom
Godwin manifiesta que

> En el Nuevo Testamento, Jesús ve a Satán, un hijo
> de Dios, desplomarse hacia la tierra como un rayo
> de luz. Esta es la historia original de la caída de
> Lucifer, "el Portador de Luz". Otro nombre para
> Lucifer es "La Estrella Matutina", la estrella que
> anuncia al sol naciente. Y descubrimos que esta
> historia es una copia de la antigua leyenda de
> Shaher. Esta deidad cananea del amanecer fue
> producto del vientre, o "Pit", de la gran Diosa
> Madre. Shaher, al igual que Lucifer, era La Estrella
> Matutina, la última luz que orgullosamente
> desafiaba al sol naciente. Pretendía invadir el
> trono de luz solar, pero fue arrojada al abismo
> desde el cielo por su impudencia. Esta épica fue
> escrita siete siglos antes de Cristo en una escritura
> cananea. Cinco siglos después un escribano
> hebreo la copió casi palabra por palabra y la puso
> en boca del profeta Isaías. La comparación [entre
> la versión cananea y la bíblica] es reveladora,
> especialmente para aquellos lectores que todavía
> mantienen que la Biblia viene de una sola fuente.
> La versión cananea [a continuación] está en letra
> itálica.[228] (tm)

---

[228] Godwin: ob. cit., pág. 91.

> *¡Cómo has caído del cielo, Shaher,*
>> *hijo de Helel!*
> ¡Cómo has caído del cielo, oh Lucifer,
>> Hijo del amanecer!
> *Tú dijiste en tu corazón, yo ascenderé*
>> *al cielo.*
> Porque tú has dicho en tu corazón,
>> yo ascenderé al cielo.
> *Más alto que las estrellas septentrionales*
>> *edificaré mi trono*
> Edificaré mi trono más alto que las
>> estrellas de Dios,
> *Y viviré en el monte de la asamblea a*
>> *espaldas del norte.*
> Me sentaré también en el monte de
>> la congregación, al lado del norte.
> *Me montaré en la espalda de una nube,*
> Ascenderé más alto que las nubes,
> *Seré como Elyon.*
> Seré como el más alto. (Isaías 14:12-14)[229] (tm)

Incluyo también, para su comparación, la versión de la Sagrada Biblia que uso en el presente trabajo:

> Cómo has caído del cielo,
> estrella rutilante, astro de la mañana;

---

[229]   Ibid., págs. 91-92.

y fuiste arrojado a tierra,

tú que derribabas las naciones.

Pues tú dijiste en tu corazón:

Al cielo subiré;

por encima de las estrellas de Dios

elevaré mi trono

y me sentaré en el monte de la asamblea,

en lo más recóndito del septentrión;

escalaré las alturas de las nubes,

me igualaré al Altísimo. (Isaías 14:12-14)[230]

Como se puede ver, hay pruebas muy sólidas de que ésta no es una historia revelada por Dios, al contrario, es una simple invención por parte del hombre. Dicha historia se elevó a rango teológico al incorporársele a las Sagradas Escrituras.

Y ¿de dónde vienen pues todas esas características que con el tiempo se le han atribuido al Demonio? Porque la verdad es que esto del Diablo, presentado por la Iglesia católica, se ha convertido en una "ciencia demonológica", para usar las palabras irónicas de García Márquez.

Bueno, antes de intentar encontrar una respuesta a esta pregunta debemos recordar lo que ya se mencionó anteriormente, y esto es que "Más que cualquier otro factor, la lucha en contra de las herejías fue la que produjo la historia de la rebelión original de Satanás como un ingrediente principal del

---

[230] *Sagrada Biblia*: Dirigida por el P. Felix Puzo: ob. cit. pág. 928.

mito cristiano"[231] (tm). Después de esto, debemos considerar que la narrativa, a través de los siglos, se encargaría de atribuirle nuevas características a esta historia. Hay que tener presente que el arte de la narrativa tradicional es siempre la interpretación y adaptación de historias anteriores.[232] Prueba de esto, por ejemplo, es cuando los padres de la Iglesia se daban a la tarea de interpretar los textos sagrados. Su nueva interpretación contenía elementos nuevos que refutaban necesariamente la versión actual de la historia que se estaba reinterpretando. Y es que la teología es una clase de narrativa, aun cuando se le disfrace como hermenéutica. Al respecto Neil Forsyth declara que

> Frecuentemente sucede, de hecho, que los teólogos de la Iglesia primitiva se dan a la tarea de inventar, redescubrir o simplemente reintroducir historias que están implícitas, pero en realidad no se cuentan en los documentos bíblicos que supuestamente están explicando. Los diferentes libros de Enoc, por ejemplo, no fueron finalmente canonizados por la Iglesia occidental, pero varias de las narraciones sobre un ángel rebelde, las cuales habían sido excluidas del canon, reaparecen en los comentarios de Isaías o Ezequiel, de un Origen o un Tertuliano, y así vinieron a ser parte de la tradición cristiana. Por lo tanto, [...] Satanás

---

[231] Forsyth: ob. cit., pág. 311.
[232] Cf. Ibid., pág. 13.

> sigue siendo un personaje de la narrativa, y el
> esfuerzo por entenderlo produce el que su historia
> se vuelva a contar.[233] (tm)

Y más adelante el mismo Forsyth nos informa que las historias tradicionales están en constante cambio. Aunque los teólogos o narradores nos digan que la historia que están reinterpretando es la misma, en realidad no lo es, pues las historias, sobre todo aquellas que tienen que ver con la vida, se reinterpretan, no solamente se cuentan. Y en cada reinterpretación hay elementos que se depuran y elementos que se agregan de acuerdo a las nuevas necesidades sociales.[234] Es por esta razón que a través de los siglos, por ejemplo, al Demonio se le han atribuido nuevas características. El Ángel Caído no es un simple ángel desobediente, ahora resulta que, como dice Buton Jeffrey Russell,

> Su piel es negra, o es un animal negro o viste de
> negro. Algunas veces es un jinete negro montado
> en un caballo también negro. El segundo color
> más común con el que se le representa es el rojo;
> el color de la sangre y del fuego. El Diablo se viste
> de rojo o tiene una barba roja. Está ciego y es cojo
> a causa de la caída que sufrió al ser arrojado desde
> el cielo. Lo zurdo se asocia con él. El Demonio
> se aparece bajo muchas formas humanas: como

---

[233] Ibidem.
[234] Cf. Ibid., págs. 16-17.

anciano, teólogo, matemático, médico o maestro; frecuentemente como varón santo: monje, sacerdote o peregrino. Según San Pablo, puede aparecerse también como un ángel de luz. Se le identifica con un sinnúmero de animales. Se le asocia con ciertos lugares por ejemplo templos paganos, arboledas, fuentes, montañas, cuevas, ruinas y norias para mencionar algunos. De acuerdo a la tradición judeocristiana los demonios supuestamente debían habitar en el aire o en el bajo mundo. El aire está tan lleno de demonios que si se aventara una aguja del cielo a la tierra le pegaría por lo menos a uno; vuelan en el aire como moscas. El Diablo prefiere el mediodía y la medianoche, pero también le gusta el crepúsculo; huye al amanecer cuando canta el gallo. En la Edad Media, el infierno estaba en el norte, en donde había tinieblas y frío intenso. Uno puede invocar al Diablo de diferentes maneras: silbando en la oscuridad, escribiéndole una nota, usando sangre de un judío y echándola en el fuego, dibujándolo, mirando en un espejo a media noche, recitando el padre nuestro al revés. El Demonio puede entrar en nuestro cuerpo, especialmente cuando estornudamos o cuando bostezamos.[235] (tm)

---

[235] Russell: ob. cit., págs. 67-79.

Como se puede ver, el Diablo ha sufrido una tremenda deformación a través del tiempo, se le han inventado tantas características que es por esto, creo yo, que García Márquez, irónicamente, llama a esta situación "ciencia demonológica".

En conclusión, la idea del Diablo, como ya lo indicó la Teología histórica en apoyo a la desmitificación que, según yo, hace Gabriel García Márquez sobre éste, está en la cuerda floja. Bíblicamente hablando, no hay bases que sustenten su existencia, y por lo tanto, la "ciencia demonológica", como la llama el autor colombiano, debe desaparecer por falta de evidencia.

6. ESCAPULARIOS Y MEDALLITAS

El próximo tema a tratar se refiere a las devociones de los escapularios y las medallitas.

Por su parte, Gabriel García Márquez hace referencia a los mismos en cuatro ocasiones. La primera. Cuando dice que Rebeca "Usaba un escapulario con las imágenes borradas por el sudor [...]" (49). La segunda. Cuando menciona el momento en que "El padre Nicanor le llevó entonces [a José Arcadio Buendía] medallitas y estampitas y hasta una reproducción del paño de la Verónica, pero [...] los rechazó por ser objetos artesanales sin fundamento científico" (93). La tercera. Cuando habla sobre el regreso de José Arcadio y dice que "Tenía una medallita de la Virgen de los Remedios colgada en el cuello de bisonte, los brazos y el pecho completamente bordados de tatuajes crípticos [...]" (99). Y la última, cuando el autor decide colgarle "en el cuello" al coronel Gregorio Stevenson "un escapulario con un pescadito de oro" (128).

La desmitificación que hace el escritor de *Cien años de soledad* con respecto a la primera cita consiste en echar al anonimato las imágenes del escapulario al borrarlas con el sudor de Rebeca. De esta manera creo que elimina el escapulario como devoción, pues sin imágenes pierde su valor significativo.

Lo mismo hace en la segunda cita, nada más que aquí, de una manera más explícita: declara, por medio de José Arcadio Buendía, que ni las medallitas, ni las estampitas y ni siquiera la reproducción del paño de la Verónica son imágenes dignas de reverencia, pues se trata simple y sencillamente de objetos artesanales, que carecen de "fundamento científico". Lo de "fundamento científico", me parece que es un sarcasmo, ya que opino que lo que realmente quiere decir es "fundamento bíblico". De ahí, entonces, que se dé la desmitificación de estos iconos del culto católico.

En la tercera cita, me parece que de una manera muy sutil, García Márquez desmitifica el culto a las imágenes al camuflar la medallita entre los "tatuajes crípticos" que tenía pintados José Arcadio en el pecho. De esta manera esconde la mencionada medallita convirtiéndola, por así decirlo, en otro tatuaje críptico, es decir obscuro, ininteligible. Y en esto, creo yo, consiste la desmitificación: en desaparecer la medallita.

Por último, en la cuarta cita, no encontramos las imágenes tradicionales del escapulario, la Virgen María o Jesucristo, sino un pescadito de oro, de esos que fabricaba el coronel Aureliano Buendía. Opino que con esto García Márquez desmitifica nuevamente el escapulario al mostrarnos lo insustancial de lo que esta insignia representa; especialmente si consideramos que la fabricación, destrucción y reconstrucción de los pescaditos, por el coronel Aureliano Buendía, significa, según Kenrick E. A. Mose, "[...] lo absurdo de la vida que se reduce a una imagen mítica de la futilidad".[236]

Ahora bien, desde el punto de vista de la doctrina oficial, la Iglesia católica dice que

> Como el Verbo se hizo carne asumiendo una verdadera humanidad, el cuerpo de Cristo era limitado [...]. Por eso se puede "pintar" la faz humana de Jesús [...]. En el séptimo Concilio Ecuménico (Cc. De Nicea II, en el año 787: DS 600-603), la Iglesia reconoció que es legítima su representación en imágenes sagradas.[237]

> La iconografía cristiana transcribe mediante la imagen el mensaje evangélico que la Sagrada Escritura transmite mediante la palabra.[238]

> Todos los signos de la celebración litúrgica hacen referencia a Cristo: también las imágenes sagradas de la Santísima Madre de Dios y de los santos. Significan, en efecto, a Cristo que es glorificado en ellos.[239]

---

[236] Kenrick E. A. Mose: *"Forma de Crítica Social en Gabriel García Márquez"*, University of Guelph, Ontario, Centro Virtual Cervantes, AIH. Actas X (1989), pág. 840.

[237] *Catecismo...*, ob. cit., No. 476, pág. 112.

[238] Ibid., No. 1160, pág. 272.

[239] Ibid., No. 1161, pág. 272.

"La belleza y el color de las imágenes
estimulan mi oración. Es una fiesta para mis ojos,
del mismo modo que el espectáculo del campo
estimula mi corazón para dar gloria a Dios" (S.
Juan Damasceno, imag. 1, 27). La contemplación
de las sagradas imágenes, unida a la meditación
de la Palabra de Dios y al canto de los himnos
litúrgicos, forma parte de la armonía de los signos
de la celebración para que el misterio celebrado
se grabe en la memoria del corazón y se exprese
luego en la vida nueva de los fieles.[240]

En cuanto al origen de los escapularios y medallitas,

Según Ann Ball, los escapularios se empezaron a usar
en la temprana Edad Media. Eran una pieza de tela larga
y angosta con un orificio en el centro por donde se podía
deslizar la cabeza; de esta manera descansaban en los hombros
del individuo. Se llevaban sobre la túnica y algunas veces se
sujetaban con un cinturón. Algunos, como por ejemplo los
que llevaban los monjes benedictinos, tenían una capucha.
Originalmente el escapulario tenía la función de proteger la
túnica. Sin embargo, con el correr del tiempo se le consideró
como parte del hábito. No tardó mucho tiempo en surgir una
nueva forma de escapulario, ésta más corta que la anterior, que
se empezó a distribuir entre los laicos para hacerlos partícipes
de los méritos o beneficios que recibía el grupo de religiosos

---

[240] Ibid., No. 1162, pág. 273.

que portaba tal emblema.[241] Debemos a San Pedro Damián el que promoviera en el año de 1072 la tradición de llevar el escapulario con la intención de hacer resaltar la ayuda que prestaba la Virgen María a las almas del purgatorio.

En la actualidad hay varios escapularios aprobados por la Iglesia para su devoción. A continuación mencionaremos algunos de los más importantes, y resaltaremos, en un par de ellos, la forma en que fueron otorgados en revelación privada, y los beneficios que acarrean a los devotos.

El escapulario de Nuestra Señora del Monte Carmelo, o escapulario de color café, dice Ann Ball, es el más común entre ellos. Según la tradición, la Virgen misma presentó el escapulario a San Simón Stock o, como también se le llama en ocasiones, San Simón de Inglaterra. De acuerdo a los anales de la orden carmelita, la virgen se le apareció a San Simón el 15 de julio de 1251 y le entregó el escapulario. Setenta y un años después de que la virgen le diera el escapulario a San Simón la virgen hizo otra aparición, pero esta vez ante el Papa Juan XXII quien publicó en la bula del 3 de marzo de 1322 el mensaje que la madre de Dios le comunicó, y que decía que quienquiera que muriera llevando el escapulario sería rescatado del purgatorio por ella misma, el primer sábado, después de su muerte, y llevado a la montaña de la vida eterna.[242] Es importante aclarar que en el momento en que se cuestionó el origen y la naturaleza del "privilegio sabatino", el

---

[241] Cf. Ann Ball: *A handbook of Catholic Sacramentals*, Huntington, I.N., Our Sunday Visitor Publishing Division, 1991, pág. 124.

[242] Cf. Ibid., pág. 124.

Papa Paulo V salió en su defensa para reafirmar los beneficios otorgados por la Virgen.[243]

Otro de los escapularios aprobados por la Iglesia es el Escapulario Verde del Inmaculado Corazón de María.

Este escapulario también hizo su llegada a este mundo por medio de una serie de apariciones de la Virgen a la hermana Justine Bisqueyburu. La primera de estas apariciones tuvo lugar el día 28 de enero de 1840. Y la finalidad de este escapulario, según el mensaje que la Virgen le dio a la hermana Justine, es la de convertir a los infieles. Se autorizó por el Papa Pío IX en 1870.

Aparte de estos dos escapularios, la Iglesia ha autorizado algunos otros. Mencionaré sólo algunos de ellos, sin entrar en detalle: el escapulario blanco, el escapulario azul, el escapulario de Nuestra Señora del rescate, el escapulario del Inmaculado Corazón de María y el escapulario de María, ayuda de los enfermos.

Como ya se mencionó, estas devociones, supuestamente fueron transmitidas a través de revelaciones privadas, las cuales no se pueden constatar. Es por esto que me parece asombroso que algunos pontífices les den el sello oficial de la Iglesia, exponiéndose así al ridículo, pues bien sabido es que no gozan de apoyo bíblico alguno.

Por eso, no debe sorprendernos que críticos como Hans Küng afirmen que "Desde los tiempos de Pío IX […] los papas han promovido la devoción mariana valiéndose de todos los

---

[243] Cf. Ibid., pág. 127.

medios"[244] (tm), hasta el de los escapularios y medallitas, pero que "Al mismo tiempo, declaraciones poéticas en la tradición católica (cantos, himnos, oraciones) y formas de devoción que conforman con ciertos individuos, deben de distinguirse de lo que es estrictamente teología en la Iglesia"[245] (tm); esto es, teología apoyada en las Sagradas Escrituras.

Y es precisamente esto último, la falta de apoyo en las Sagradas Escrituras, lo que, a mi criterio, viene en auxilio de la desmitificación que según yo lleva a cabo Gabriel García Márquez de los escapularios y medallitas como devoción católica; después de todo, como indicara el Concilio Ecuménico Vaticano II: hay que "condenar los excesos del marianismo"[246] (tm).

---

[244]   Küng: *On Being...*, ob. cit., pág. 461.
[245]   Ibid., pág. 162.
[246]   Ibid., pág. 161.

7. DIOS

El siguiente punto a tratar tiene que ver con Dios.

Con respecto a este tema, en *Cien años de soledad* encontramos varias citas vinculadas a (A) la existencia de Dios y (B) a la Divina Providencia. Veamos.

A. La existencia de Dios

La primera cita que contiene este tema es en relación a la peste del olvido consecuencia directa de la del insomnio. Por esta razón

> En la entrada del camino de la ciénaga se había puesto un anuncio que decía *Macondo* y otro más grande en la calle central que decía *Dios existe.* En todas las casas se habían escrito claves para memorizar los objetos y los sentimientos. Pero el sistema exigía tanta vigilancia y tanta fortaleza moral, que muchos sucumbieron al hechizo de una realidad imaginaria, inventada por ellos

mismos, que les resultaba menos práctica pero
más confortante. (56)

La segunda cita viene en el momento en que

Melquíades terminó de plasmar en sus placas todo
lo que era plasmable en Macondo, y abandonó el
laboratorio de daguerrotipia a los delirios de José
Arcadio Buendía, quien había resuelto utilizarlo
para obtener la prueba científica de la existencia
de Dios. Mediante un complicado proceso de
exposiciones superpuestas tomadas en distintos
lugares de la casa, estaba seguro de hacer tarde
o temprano el daguerrotipo de Dios, si existía, o
poner término de una vez por todas a la suposición
de su existencia. (62)

La tercera cita se da en el momento en que "[...] José
Arcadio Buendía renunció a la persecución de la imagen de
Dios, convencido de su inexistencia, y destripó la pianola para
descifrar su magia secreta" (70).

La cuarta y última cita sucede cuando

El padre Nicanor aprovechó la circunstancia de ser
la única persona que había podido comunicarse
con él [con José Arcadio Buendía], para tratar de
infundirle la fe en su cerebro trastornado. Todas las
tardes se sentaba junto al castaño, predicando en

> latín, pero José Arcadio Buendía se empecinó en
> no admitir vericuetos retóricos ni transmutaciones
> de chocolate, y exigió como única prueba el
> daguerrotipo de Dios. (93)

La desmitificación de la existencia de Dios en la primera cita se da cuando al autor de *Cien años de soledad* se le ocurre la puntada de decir que los macondinos tuvieron que poner un "anuncio" de "Dios existe" para que éstos no se olvidaran de Él. La ironía aquí consiste en que, en este caso, no es la Iglesia católica la que con dogma en mano anuncia la existencia de Dios; al contrario, lo hace un simple anuncio callejero. Y esto último me sugiere, de rebote, que en el fondo los macondinos es precisamente de lo que se quieren olvidar: de la existencia de Dios.

Pero, ¿de qué Dios se quieren olvidar los macondinos?

Bueno, si es cierto que *Cien años de soledad* refleja la historia de América Latina, como le expresara el mismo Gabriel García Márquez a Plinio Apuleyo Mendoza,[247] entonces el olvido del cual se trata en Macondo-Latinoamérica es el relacionado precisamente con esa imagen de Dios impuesta por los conquistadores españoles, y que tiene mucho que ver con la coerción y nada con la convicción. "Difícilmente—dice Leonardo Boff—se encontrará en la historia de **Occidente** tanto etnocentrismo, dogmatismo, fundamentalismo y totalitarismo

---

[247] Cf. Apuleyo Mendoza, Plinio: Gabriel García Márquez: *El olor de la guayaba,* México, Editorial Diana, 1993, pág. 82.

como en la visión que al respecto tenían los europeos del siglo XVI".[248] Y después agrega:

> A excepción de los religiosos misioneros, en quienes se detecta un fantástico potencial de utopía y de generosidad, lo que buscaba la inmensa mayoría [incluyendo a la mayoría de los religiosos que atendían a los conquistadores] era enriquecerse. Resulta paradigmática la respuesta de Francisco Pizarro, el destructor del imperio inca, al misionero que lo increpa por no preocuparse de la evangelización y sí del oro de los indígenas: <<No vine a eso; vine a por el oro>>.
>
> Pero resultaba evidente para todos (y en esto ni siquiera puede ponerse como excepción a los monjes misioneros, como podrían ser Bartolomé de las Casas o Antonio de Vieira) que América Latina debía ser agregada a las costumbres políticas y culturales europeas e incorporada a la fe cristiana. El orbe cristiano era el único orden querido, todo el mundo —desde los musulmanes, pasando por los hindúes y los chinos, hasta los indígenas de los más remotos rincones de los Andes— debía ser introducido, de grado o por la fuerza, en dicho orden, fuera del cual no había civilización (humanización)

---

[248] Leonardo Boff: *Quinientos años de evangelización: De la conquista spiritual a la liberación integral*, Santander, Editorial Sal Terrae, 1992, pág. 18.

digna de tal nombre ni salvación eterna posible. Las
religiones autóctonas no eran más que artificios
de Satanás para dificultar la conversión. Por
consiguiente debían ser destruidas.[249]

Por eso es que, finaliza Boff,

las víctimas *cuestionan* el proyecto de la
modernidad europea (hoy extendido a todo
el mundo) y el tipo de misión que aún siguen
practicando las iglesias. La modernidad se
caracteriza por la voluntad de poder; el poder es
para dominar; y el dominio es para enriquecerse.
Esta lógica se aplicó férreamente en América
Latina y en el Caribe, y en virtud de ella se
destruyeron culturas milenarias. Quedaron
solamente rostros desfigurados incapaces ya de
llorar, ojos hundidos incapaces ya de soñar; y un
manto de tristeza se extendió sobre su pasado y su
presente.[250]

Bajo una situación de esta naturaleza, entonces, no debe
sorprendernos que los macondinos-latinoamericanos quieran
olvidar que Dios existe; de ahí que como defensa "muchos
[sucumban] al hechizo de una realidad imaginaria, inventada
por ellos mismos, que les [resulta] [...] más confortante".
Con sobrada razón el peruano Mario Vargas Llosa hace

---

[249]   Ibid., ob. cit., págs. 17-18.
[250]   Ibid., pág. 11.

hincapié en que la fe de los macondinos (y por añadidura de los latinoamericanos) es une fe que tiene que ver más con lo social que con lo profundamente espiritual.[251]

Y para reforzar esta idea, no podemos perder de vista la ironía de García Márquez al manifestar que "En todas las casas se habían escrito claves para memorizar los [...] sentimientos." ¡Los sentimientos no se memorizan, surgen naturalmente! Así como la fe en Dios tampoco se memoriza, debe ser algo espontáneo, ajeno a cualquier imposición.

En resumen, creo que en esta cita Gabriel García Márquez satiriza la imagen de Dios impuesta por la Iglesia católica al pueblo latinoamericano. Al hacer esto, se solidariza con la denuncia que hicieran nuestros indígenas entonces, y que hace la gente latinoamericana ahora, en relación a ese "[...] Dios Verdadero [de los españoles] que viene del cielo [y que] sólo de pecado hablará, sólo de pecado será su enseñanza."[252]

La segunda, tercera y cuarta citas tienen que ver con la obtención del daguerrotipo de Dios para probar que existe o, de lo contrario, para "poner término de una vez por todas a la suposición de su existencia" (62).

---

[251] Cit. (133), pág. 86.

[252] *El Libro de los Libros de Chilam Balam*, Traducción de sus textos paralelos por Alfredo Barrera Vásquez y Silvia Rendón, Decimosexta reimpresión, México, Fondo de Cultura Económica, 1992, pág. 69.

Me parece que la desmitificación de la existencia de Dios en estas citas se lleva a cabo a través de una serie de acontecimientos irracionales y, al mismo tiempo, cómicos.

En la segunda cita, por ejemplo, encontramos a un José Arcadio Buendía que nos mueve a la risa al ir tras la captura de la fotografía de Dios. Pero Dios no aparece por ningún lado, y la pesquisa del patriarca macondino termina, en la tercera cita, en frustración. De ahí que decida destruir "la pianola para descifrar su magia secreta". Uno debería imaginarse lo que José Arcadio Buendía concluye después de ver este artefacto hecho pedazos: la existencia de Dios es como esta máquina —diría—; pura magia, pura invención humana.

En la cuarta y última cita podemos contemplar a un José Arcadio Buendía en perfecto control de sus convicciones: Dios no existe. Y se me antoja pensar que Gabriel García Márquez, por medio del patriarca, y con muchas ganas de ridiculizar, nos sugiere que ni "vericuetos retóricos", ni "transmutaciones de chocolate" serán medios por los cuales la Iglesia explique lo inexplicable: la existencia de Dios. Que la existencia de Dios, si es que se quiere creer en un Dios, tendrá que ser explicada en términos antropológicos —por medio de la ciencia y la razón, como lo sugiere José Arcadio Buendía—, ya que esta es la única manera de obtener el daguerrotipo de Dios para que los hombres puedan tener una clara visión de Él.

Consideremos ahora lo que dice la doctrina oficial de la Iglesia católica en conexión a este punto.

Según el catecismo,

> Mediante la razón natural, el hombre puede conocer a Dios con certeza a partir de sus obras. Pero existe otro orden de conocimiento que el hombre no puede de ningún modo alcanzar por sus propias fuerzas, el de la revelación divina (cf Cc. Vaticano I: DS 3015). Por una decisión enteramente libre, Dios se revela y se da al hombre. Lo hace revelando su misterio, su designio benevolente que estableció desde la eternidad en Cristo a favor de todos los hombres.[253]

> A su pueblo Israel Dios [sic], se reveló dándole a conocer su Nombre. El nombre expresa la esencia, la identidad de la persona y el sentido de su vida. Dios tiene un nombre. No es una fuerza anónima. Comunicar su nombre es darse a conocer a los otros. Es, en cierta manera, comunicarse a sí mismo haciéndose accesible, capaz de ser más íntimamente conocido y de ser invocado personalmente.[254]

> Al revelar su nombre misterioso de YHWH, "Yo soy el que es" o "Yo soy el que soy" o también "Yo soy el que yo Soy", Dios dice quien es y con

---

[253] *Catecismo...*, ob. cit., No. 50, pág. 24.
[254] Ibid., No. 203, pág. 54.

qué nombre se le debe llamar. Este Nombre Divino
es misterioso como Dios es misterioso. Es a la vez
un Nombre revelado y como la resistencia a tomar
un nombre propio, y por esto mismo expresa
mejor a Dios como lo que El es, infinitamente
por encima de todo lo que podemos comprender
o decir: es el "Dios escondido" (Is 45, 15), su
nombre es inefable (cf Jc 13, 18), y es el Dios que
se acerca a los hombres.[255]

Es claro que el Dios que describe la Biblia es un Dios
un tanto nebuloso, un "Dios escondido". Por eso decía
Santo Tomás de Aquino: "de Dios no podemos saber lo
que es, sino sólo lo que no es".[256] Y como si esto no fuera
suficiente, lamentablemente la Iglesia católica, siguiendo el
pensamiento del santo, en lugar de explicar de una manera
clara la existencia de Dios, la ha hecho más confusa al
promulgar sus declaraciones dogmáticas sobre el asunto. De
ahí, entonces, que en muchísimas ocasiones, como en el caso
de Macondo-Latinoamérica, los creyentes prefieran crear una
"realidad imaginaria" que esté más de acuerdo con su mundo,
pues, después de todo, como indica Thomas Sheehan de Karl
Rahner: "Karl Rahner, uno de los más brillantes teólogos

---

[255] Ibid., No. 206, pág. 55.
[256] Aquino, Tomás: *Suma Teológica*, <<De Deo Scire non possumus
       quid sit, sed quid non sit>> (S. T. I, 9. 3 introd.) citado por Gutierrez,
       Gustavo en *Hablar de Dios desde el sufrimiento del inocente:
       una reflexión sobre el libro de Job*, Segunda Edición, Salamanca,
       Ediciones Sígueme, 1988, pág. 13.

católicos de todos los tiempos, observa que '[...] el hombre [está] atado a *este* mundo sin la posibilidad de escaparse a un paraíso espiritual y **lo que el hombre sabe sobre Dios, lo sabe al conocer el mundo'** "[257] (tm)(énfasis mío). Y después agrega el mismo Sheehan:

> El deseo del hombre por saber es infinito: el alcanzar lo que se puede saber siempre excede la comprensión de lo sabido, y por lo tanto el hombre es en sí mismo la cuestión final para la cual no existe una respuesta. **En esta interminable pasión por el saber —la cual es una pasión por la realidad— Rahner ve al hombre encausado hacia lo ilimitable y lo incomprensible, lo cual es comúnmente llamado 'Dios'**[258] (énfasis mío). (tm)

Como se puede ver, tanto Karl Rahner como Thomas Sheehan, representantes de la Teología histórica, presentan a un Dios con menos misterio; le atribuyen, en su lugar, una dimensión antropológica. Esto, a mi manera de ver, apoya definitivamente la idea de "realidad imaginaria" de la gente de Macondo-Latinoamérica, pues es otra perspectiva diferente a la tradicional. En esta "realidad imaginaria" el creyente podría ver a un Dios que se le ha despojado de los tradicionales "vericuetos retóricos" de la Iglesia católica; que se le exige

---

[257] Sheehan: ob. cit. y cita a: Rahner, Kart.
[258] Ibidem.

que renuncie a seguir jugando a las escondidas; que abandone el cielo y se venga a vivir a la tierra con los humanos.

B. La Divina Providencia.

El siguiente punto a tratar bajo el tema de Dios es el de la Divina Providencia.

Entiéndase por Divina Providencia a "La protección y cuidado que Dios ejerce sobre todas sus criaturas."[259]

En *Cien años de soledad* podemos identificar cuatro referencias importantes tocante a este tema.

La primera de ellas es cuando

> En cierta ocasión el coronel Gerineldo Márquez le pidió instrucciones [al coronel Aureliano Buendía] para la evacuación de una localidad fronteriza que amenazaba con convertirse en un conflicto internacional.
>
> —No me molestes por pequeñeces —le ordenó él—. Consúltalo con la Divina Providencia.
> (175)

La segunda es en relación a la fabricación de los billetes del negocio de las rifas:

---

[259] Edgar Pike Royston: *Diccionario de Religiones*, Adaptación de Elsa Cecilia Frost, 2ª ed., México, Fondo de Cultura Económica, 2005, pág. 383.

Las rifas no dieron nunca para más. Al principio, Aureliano Segundo ocupaba tres días de la semana encerrado en su antigua oficina de ganadero, dibujando billete por billete, pintando con un cierto primor una vaquita roja, un cochinito verde o un grupo de gallinas azules, según fuera el animal rifado, y modelaba con una buena imitación de las letras de imprenta el nombre que le pareció bueno a Petra Cotes para bautizar el negocio: *Rifas de la Divina Providencia*. Pero con el tiempo se sintió tan cansado después de dibujar hasta dos mil billetes a la semana, que mandó a hacer los animales, el nombre y los números en sellos de caucho, y entonces el trabajo se redujo a humedecerlos en almohadillas de distintos colores. En sus últimos años se le ocurrió sustituir los números por adivinanzas, de modo que el premio se repartiera entre todos los que acertaran, pero el sistema resultó ser tan complicado y se prestaba a tantas suspicacias, que desistieron a la segunda tentativa. (354-5)

La tercera es acerca de la venta de los billetes de la lotería:

Desde muy temprano se le veía [a Aureliano Segundo] recorrer el pueblo, aun en los barrios más apartados y miserables, tratando de vender los billetitos con una ansiedad que solo era

concebible en un moribundo. <<Aquí está la
Divina Providencia>>, pregonaba. <<No la dejen
ir, que sólo llega una vez cada cien años.>>
(365-6)

La cuarta y última es tocante a la falta de respeto para con
Aureliano Segundo:

Las mujeres solitarias en el barrio de tolerancia "Acabaron
por perderle el respeto, por burlarse de él, y en sus últimos
meses ya no le decían don Aureliano, como lo habían hecho
siempre, sino que le llamaban en su propia cara don Divina
Providencia" (366).

En la primera cita la desmitificación se da cuando el
coronel Aureliano Segundo minimiza la importancia de la
Divina Providencia al decirle al coronel Gerineldo Márquez
que las preguntas sin mérito hay que hacérselas a la Divina
Providencia. En este caso el coronel Aureliano Buendía
no solamente le niega el supuesto aprecio a la Divina
Providencia, sino que él mismo se ubica sobre Ella al reservar
para sí lo que considera son consultas que valen la pena y no
mediocridades.

En la segunda cita la desmitificación se hace presente en
el momento en que Petra Cotes decide bautizar su negocio
como "*Rifas de la Divina Providencia*", pues por medio
de esta parodia "Dios es reducido al nivel de manipulación
propagandista"[260] (tm). Sin embargo, lo que hace más enfática

---

[260] Miller: ob. cit., pág. 97.

la desmitificación en este caso, es que en lugar de que los billetes de las rifas porten una imagen sagrada que concuerde con el nombre de la rifa, llevan la del animal que se iba a rifar. Y aun hay más, pues eso también de que el negocio se llame la Divina Providencia y que funcione por medio de adivinanzas, me hace sospechar que el perspicaz autor de *Cien años de soledad* se está burlando nuevamente de este culto; como si quisiera reducir a la Divina Providencia a una especie de sortilegio.

En la tercera cita la desmitificación consiste en que Aureliano Segundo pregona que la Divina Providencia "sólo llega una vez cada cien años". Hay una desmitificación si consideramos que el número 'cien' mitológicamente hablando significa plenitud o totalidad,[261] y esta plenitud o totalidad la interpretamos como el fin de los siglos. La ironía está, entonces, en que no es cierto que la Divina Providencia guíe constantemente a los hombres en el camino hacia la perfección; todo lo contrario, nunca está presente durante su vida, pues "sólo llega cada cien años".

En la cuarta cita juzgo que la desmitificación aparece cuando el autor decide poner el nombre de la Divina Providencia en boca de "las mujeres solitarias", nada menos que "en el barrio de tolerancia", y además por aplicárselo no a Dios, sino a Aureliano Segundo, un hombre tan vulgar y tan mundano por quien "las mujeres solitarias" no sienten respeto alguno.

---

[261] Cf. Joseph Campbell: *The hero with a thousand faces*, 2nd Ed., Princeton, New Jersey, Princeton University Press, 1968, pág. 223.

Veamos ahora lo que dice la doctrina oficial de la Iglesia en relación a la Divina Providencia.

Según el catecismo,

> La creación tiene su bondad y su perfección propias, pero no salió plenamente acabada de las manos del Creador. Fue creada "en estado de vía" ("in statu viae") hacia una perfección última todavía por alcanzar, a la que Dios la destinó. Llamamos divina providencia a las disposiciones por las que Dios conduce la obra de su creación [...][262]

> El testimonio de la Escritura es unánime: la solicitud de la divina providencia es *concreta e inmediata*; tiene cuidado de todo, de las cosas más pequeñas hasta los grandes acontecimientos del mundo y de la historia.[263]

> El Concilio Ecuménico Vaticano I declaró que "Dios guarda y gobierna por su providencia todo lo que creó, 'alcanzando con fuerza de un extremo a otro del mundo y disponiéndolo todo con dulzura'."[264]

---

[262] *Catecismo...*, ob. cit., No. 302, págs. 75-6.
[263] Ibid., No. 303, pág. 76.
[264] Ibid., No. 302, pág. 76.

Considerando otra perspectiva a la de la doctrina oficial de la Iglesia, según el deísmo, "Dios se abstiene de intervenir en su obra."[265] Así mismo Alfred J. Fredoso, de la Universidad de Notre Dame, hace una observación sobre el libro de William Hasker en donde dice que este autor, Hasker, "niega [...] que Dios tenga conocimiento infalible de cómo exactamente el futuro va a resultar"[266] (tm).

Por su parte Luis R. Ramos es un poco más agresivo y sarcástico al referirse en su artículo *Los Eloi del siglo 21*[267] a los comentarios que hiciera el actual papa Benedicto XVI durante su audiencia general del miércoles 9 de noviembre del 2005, con respecto al conocimiento de Dios por el devenir. Ramos nos presenta su punto de vista de esta manera:

> Nos traen las noticias las manifestaciones del papa Benedicto XVI quien ha intervenido en la discusión sobre evolución y diseño Inteligente. [...] Nos dice el flamante Papa que el universo fue creado por un "proyecto inteligente" y crtica [sic] a aquellos que, en nombre de la ciencia, afirman que el mundo surgió sin orden ni concierto.

---

[265] Royston: ob. cit., pág. 383.

[266] Fredoso, Alfred J. Review of "God, Time, and Knowledge" by William Hasker, Ithaca, New York: Cornell University Press, 1989. Publicado (sin fecha). Recuperado 17 diciembre 2005 <http://www.nd.edu/~afreddos/papers/godtime.htm>.

[267] Ramos, Luis R. "Los Eloi del siglo 21". Sociedad de Escépticos. Publicado noviembre 2005. Recuperado 27 diciembre 2005 <http://www.escepticospr.com/Archivos/los_eloi_del_siglo_21.htm>, pág. 1.

Benedicto mencionó frases de la Escritura en que
se afirma que el amor de Dios se evidencia en "las
maravillas de la creación", y citó a San Basilio
Magno, del siglo IV, quien dijo que alguna gente,
"engañada por el ateísmo que llevan dentro,
imaginan un universo sin orden ni dirección, como
si estuviera a la merced de la casualidad".[268]

Poco más adelante Luis R. Ramos observa irónicamente
que el dicho papa "Utiliza a San Basilio Magno quien vivió
en el siglo cuarto, como una autoridad para la Iglesia católica
en materia de Evolución Biológica."[269] Acto seguido, Ramos,
expone que existe una contradicción en el pensamiento oficial
de la Iglesia, pues Benedicto XVI "Desautoriza al Papa Juan
Pablo II cuando en su discurso de la Pontificia Academia
de Ciencias en octubre 22 de 1996 admitió la evolución
biológica."[270] Y agrega: "Derribando uno de los dogmas más
importantes de la Iglesia católica, la infalibilidad papal"[271]
que es el arma que los pontífices han usado para imponer
su incuestionable punto de vista sobre ciertas verdades de fe
como la de la Divina Providencia. Y no contento con esto,
Ramos nuevamente arremete como si quisiera dejar bien claro
que debemos deshacernos de ilusiones. Indica:

---

[268] Ibidem.
[269] Ibidem.
[270] Ibidem.
[271] Ibidem.

Hay personas que creen que [...] todo lo que somos
y tenemos es provisto por entes (imaginarios y
misteriosos) que velan por nuestra comodidad,
bienestar y felicidad. Que no tenemos que
estudiar, observar, analizar y probar para lograr
grandes desarrollos tecnológicos que hoy hacen
nuestra civilización tan maravillosa.[272]

En seguida manifiesta:

¿Podría la ciencia y los científicos tomarse unas
vacaciones y plantarse de brazos caídos? Entonces
dejamos las invenciones, los descubrimientos y la
salud a la divina providencia de Dios, los duendes,
las hadas, los ángeles o San Basilio Magno. Si
elimináramos cada descubrimiento o invención de
aquellos científicos que negaron la intervención
divina en su trabajo, como fue el caso de Francis
Crack y James Watson, declarados ateos, que
en 1950 descubrieron la estructura del ADN,
volveríamos a la época de las cavernas otra vez.

Hay que dejarse de estupideces y aceptar que
sin la ciencia y los científicos todavía estaríamos
cazando   venados   vestidos   con   taparrabos,
muriendo de infecciones sin alcanzar los treinta
años de edad.

---

[272] Ibid., pág. 2.

Cuánto más avanzada estaría la ciencia si la superstición de la Iglesia no hubiera paralizado a los grandes pensadores y les hubiese permitido desarrollar sus ideas libremente. Es esa misma superstición la que ahora quiere paralizar el desarrollo de las investigaciones con células madres y la educación de biología.[273]

Y para cerrar con broche de oro afirma:

Debemos enfrenarnos [sic] a los retos que nos trae el siglo 21 con una mente abierta a la razón y la ciencia. Es el tiempo que abandonemos las supersticiones y creencias esquizofrénicas que en vez de adelantar la civilización la quieren hacer retroceder hacia el oscurantismo de la edad media. [...] tenemos que trabajar, estudiar, inventar, crear pues ni Dios, ni los ángeles, ni duendes [...] nos van a otorgar las invenciones, los descubrimientos o todas esas maravillosas cosas que hacen nuestra vida más cómoda, saludable y feliz.[274]

De igual forma Hans Küng señala que de acuerdo al filósofo Federico Hegel "Dios no es un espíritu más allá de las estrellas que trabaja en este mundo desde afuera sino la mente que está presente en todas las demás mentes en el fondo

---

[273] Ibidem.
[274] Ibidem.

de la subjetividad humana"[275] (tm). Y a continuación agrega: "[De acuerdo a Hegel] La Providencia no es atribuida a un Dios despótico, ni tampoco se prueba en lo abstracto, o de una forma no histórica, sino que es observada especulativamente en el transcurso concreto de la historia"[276] (tm). En otras palabras, dice Küng, "Una intervención física de Dios en el mundo sería una tontería"[277] (tm).

Como se puede ver, entonces, no hay absolutamente nada de evidencia, aparte de la fe, que muestre que efectivamente la Divina Providencia es la que nos guía hacia la perfección en este mundo, como lo establece la doctrina oficial de la Iglesia. Al contrario, y en todo caso, dadas las condiciones de crueldad en nuestro globo, empiezo a pensar que Gabriel García Márquez tenía razón cuando declaró "que probablemente el diablo había ganado la rebelión contra Dios, y que era aquél quien estaba sentado en el trono celeste, sin revelar su verdadera identidad para atrapar a los incautos" (197). Supongamos que fuese así. Entonces no podemos seguir hablando de una Divina Providencia sino más bien de una Maligna Providencia, pues como establece Noam Chomsky con respecto a la creación del mundo: "A diferencia de un Diseño Inteligente, sobre el cual la evidencia es cero, un diseño maligno tiene montones de evidencia empírica"[278] (tm).

---

[275] Hans Küng: *Does God Exist?: An Answer for Today*, New York, Vintage Books, 1981, pág. 159.

[276] Ibid., op. cit., págs. 159-160.

[277] Ibid., op. cit., pág. 653.

[278] Chomsky, Noam. "Intelligent Design?". Khaleej Times, Publicado octubre 6, 2005. Recuperado 23 enero 2006 <htth://www.chomsky.info/articles/20051006.htm>.

Para concluir, entonces, me gustaría dejar en firme que la Teología histórica apoya directa y contundentemente la desmitificación que, según pienso, hace Gabriel García Márquez de la Divina Providencia.

8. LA VENERACIÓN-ADORACIÓN A LOS SANTOS

El último punto que me gustaría considerar en este trabajo es el de la veneración-adoración a los santos. No sin antes aclarar que aunque la Iglesia católica haga hincapié en que sea una veneración hacia ellos, sin embargo, en el mundo de la religiosidad popular creo que es una adoración.

En la obra de Gabriel García Márquez, *Cien años de soledad*, encontramos varias citas ligadas a este tema. Mencionaré únicamente cuatro de ellas.

La primera referencia tiene que ver con el San José atiborrado de monedas de oro:

> Así fue. Úrsula hizo quitar los billetes adheridos a las grandes tortas de cal, y volvió a pintar la casa de blanco. <<Dios mío>>, suplicaba. <<Haznos tan pobres como éramos cuando fundamos este pueblo, no sea que en la otra vida nos vayas a cobrar esta dilapidación.>> Sus súplicas fueron

escuchadas en sentido contrario. En efecto, uno
de los trabajadores que desprendía los billetes
tropezó por descuido con un enorme San José
de yeso que alguien había dejado en la casa en
los últimos años de la guerra, y la imagen hueca
se despedazó contra el suelo. Estaba atiborrada
de monedas de oro. Nadie recordaba quién había
llevado aquel santo de tamaño natural. <<Lo
trajeron tres hombres>>, explicó Amaranta.
<<Me pidieron que lo guardáramos mientras
pasaba la lluvia, y yo les dije que lo pusieran
ahí, en el rincón, donde nadie fuera a tropezar
con él, y ahí lo pusieron con mucho cuidado,
y ahí ha estado desde entonces, porque nunca
volvieron a buscarlo.>> En los últimos tiempos,
Úrsula le había puesto velas y se había postrado
ante él, sin sospechar que en lugar de un santo
estaba adorando casi doscientos kilogramos de
oro. La tardía comprobación de su involuntario
paganismo agravó su desconsuelo. Escupió
el espectacular montón de monedas, lo metió
en tres sacos de lona, y lo enterró en un lugar
secreto, en espera de que tarde o temprano los
tres desconocidos fueran a reclamarlo. (204-5)

La segunda cita se da cuando "[…] molestaron tanto [a
Remedios, la bella] para que se cortara el cabello de lluvia que
ya le daba hasta las pantorrillas, y para que se hiciera moños

con peinetas y trenzas con lazos colorados, que simplemente se rapó la cabeza y les hizo pelucas a los santos" (243).

La tercera cita es en relación a Úrsula: "Un día abrió el baúl de los santos, y tuvo que pedir auxilio a Santa Sofía de la Piedad para quitarse de encima las cucarachas que saltaron del interior, y que ya habían pulverizado la ropa" (349).

La cuarta y última cita es tocante a la quema de los santos por parte de José Arcadio: "Lo único que pareció estorbarle en el resto de la casa fueron los santos del altar doméstico, que una tarde quemó hasta convertirlos en ceniza, en una hoguera que prendió en el patio" (382).

En la primera cita creo que la desmitificación a la veneración-adoración de los santos se produce cuando irónicamente el autor describe a Úrsula postrada ante el San José de yeso "adorando casi doscientos kilogramos de oro". Esto me sugiere que el evento es una parodia de la adoración bíblica del becerro de oro por parte de los israelitas durante el éxodo a la tierra prometida.

Por otro lado, juzgo que el hecho de que Úrsula se postre ante esa armazón de yeso, el San José, repleta de monedas de oro, para adorarla, es una crítica directa que García Márquez hace en contra de la costumbre religiosa, aprobada por la Iglesia, de venerar-adorar a los santos.

En la segunda cita, me parece que la desmitificación se presenta en el momento en que Remedios, la bella viste a los santos con pelucas hechas por ella misma, y con su propio pelo.

Opino que de esta manera García Márquez desmitifica la majestuosidad de las estatuas sagradas; las baja del pedestal y, en este caso, las humaniza con el cabello de Remedios, la bella.

En la tercera cita, estimo que encontramos la desmitificación en el momento en que Úrsula descubre que las cucarachas estaban en el proceso de destruir lo que se encontraba dentro del baúl: los santos. Creo que la desmitificación también se revela cuando caemos en cuenta de que los santos están guardados en el baúl y no en el altar, el lugar especial de la casa, en donde la religiosidad popular comúnmente los coloca.

Opino, por lo tanto, que Gabriel García Márquez, de una manera muy sutil y mordaz, desmitifica la devoción-adoración a los santos, primero, guardándolos en un baúl en donde nadie los ve y, segundo, permitiendo que las cucarachas se los coman.

En la cuarta y última cita me parece que la desmitificación es absolutamente obvia: José Arcadio elimina los santos del altar quemándolos en el patio.

Por lo tanto, pienso que el autor de *Cien años de soledad* se da a la tarea de eliminar la devoción-adoración a los santos, primero, diciendo que estorbaban y, segundo, mandándolos a la hoguera.

Veamos ahora lo que dice la doctrina oficial de la Iglesia con respecto a este tema.

Según el catecismo,

Fundándose en el misterio del Verbo encarnado, el séptimo Concilio Ecuménico (celebrado en Nicea el año 787), justificó contra los iconoclastas el culto de las sagradas imágenes: las de Cristo, pero también las de la Madre de Dios, de los ángeles y de todos los santos.[279]

El culto cristiano de las imágenes no es contrario al primer mandamiento que proscribe los ídolos. En efecto, "el honor dado a una imagen se remonta al modelo original" (S. Basilio, spir. 18, 45), "el que venera una imagen, venera en ella la persona que en ella está representada" [...]. El honor tributado a las imágenes sagradas es una "veneración respetuosa", no una adoración, que sólo corresponde a Dios [...].[280]

Como podemos ver, la Iglesia es bastante clara al decir que a una imagen se le venera no se le adora; sin embargo, en el mundo de la religiosidad popular éste no es el caso. Podría decirse, con mucha certidumbre, que a los santos se les adora de la misma manera que se le adora a Cristo y a Dios. Y a sabiendas de la misma Iglesia de que esto sucede, pocas veces hace algo, menos aún lo suficiente, para evitarlo.

Desde el punto de vista de la Teología histórica la denuncia, aun cuando modesta, es devastadora. Hans Küng, por ejemplo, nos recuerda que "Hoy en día no se puede negar el hecho de que particularmente después del siglo V hubo una

---

[279] *Catecismo...*, ob. cit., No. 2131, pág. 473.
[280] *Catecismo...*, ob. cit., No. 2132, pág. 473.

gran acumulación de falsificaciones [...] de actos de mártires [...]"[281] (tm). Y más recientemente Phillip Berryman observa que "En algún momento después del [Concilio Ecuménico] Vaticano II las autoridades del Vaticano reconocieron que no había pruebas históricas de que algunos santos hubieran existido [...]"[282] (tm).

O sea, que de acuerdo a estas dos últimas citas existe la posibilidad de que algunos de los santos nunca hayan existido. Si es el caso, como aseguran estos dos estudiosos de la Teología histórica, entonces, la desmitificación de la devoción-adoración a los santos, que, según yo, hace García Márquez en *Cien años de soledad*, encuentra, sin lugar a dudas, apoyo absoluto en los hallazgos de esta exégesis.

---

[281]   Küng: *Christianity...*, ob. cit., pág. 319.
[282]   Berryman, Phillip: *Liberation Theology: The essential facts about the revolutionary movement in Latin America and beyond*, New York, Pantheon Books, 1987, pág. 70.

CONCLUSIONES

No sé cuánto tiempo más tendrán que esperar los católicos para que la Iglesia, de una manera franca y abierta, reconozca los errores que ha cometido en la formulación de tantas doctrinas desviadas. Es imprescindible que se lleve a cabo una reinterpretación profunda de sus dogmas y devociones, de tal manera que conformen con los tiempos modernos.

No está por demás mencionar que la Iglesia debe partir de las Sagradas Escrituras, aun cuando "el proceso de la formación del canon bíblico fue verdaderamente un proceso humano e histórico"[283] (tm), para apoyar la validez de sus declaraciones de fe; pues sin este apoyo, los dogmas adquieren un carácter caprichoso.

Nadie ignora el hecho de que aún persiste la idea de que "El derecho canónico, mucho más que el evangelio, constituye la gran referencia para la conducción de toda la Iglesia. La figura del Papa y los obispos es exaltada sobremanera hasta llegar a ser

---

[283] Sheler: ob. cit., pág. 15.

mistificada."[284] Afortunadamente hoy en día también existe "[…] una tendencia que va cobrando más y más adeptos, aun entre los teólogos romano-católicos, para consultar principalmente el Nuevo Testamento como criterio único para la validez de las declaraciones doctrinales"[285] (tm).

Si la Iglesia insiste en el "[…]absolutismo pontificio[,] […][el cual] se desarrolló desde el siglo once y fue puesto en práctica durante la Edad Media y el Renacimiento y ha continuado practicándose en los tiempos modernos"[286] (tm), lo único que va a conseguir es la enajenación de los creyentes, ya que "A los humanos no se les debe pedir que acepten dogmas u otras verdades de fe basados únicamente en la autoridad formal del magisterio"[287] (tm). Eso de que Dios ha encomendado exclusivamente al Magisterio la tarea de interpretar su mensaje es cosa del pasado. Además, "Los seres humanos libres tienen el derecho a razones claras por las cuales se les exige creer"[288] (tm). Es inútil que la Iglesia siga insistiendo en una obediencia ciega en relación a sus formulaciones doctrinales, ya que

---

[284] Leonardo Boff:¿*Magisterio o profecía?: La misión Eclesial del Teólogo (Una respuesta a la Instrucción del Vaticano)*, trad. Por José Valderrey F., México, Palabra Ediciones, 1991, pág. 18.

[285] Mary E. Hines: *The Transformation of dogma: An Introduction to Karl Rahner on Doctrine*, New York/Mahwah, Ed. Paulist Press, 1989, pág. 41.

[286] Hans Küng: *Infallible?An Unresolved Enquiry*, New Expanded Edition with a Preface by Herbert Haag, Originally translated by Eric Mosbacher from the German, New York, NY, 1994, págs. 84-85.

[287] Hines: ob. cit., p. 58.

[288] Ibidem.

[...]muchos encuentran tal punto de vista [...] demasiado problemático. Para ellos el dogma se ha convertido en una señal de lo que ellos ven como un abuso de la libertad humana y de la dignidad. El dogma no debe jugar ningún papel en la religión contemporánea de los humanos con entendimiento. El magisterio de la Iglesia tampoco debería tener el poder para imponer tales dogmas a los católicos de hoy.[289] (tm)

Aunque el Magisterio no lo admita,

La jerarquía oficial de la Iglesia de hoy tiene la responsabilidad de dar razones claras con respecto a sus decisiones. Ya no puede asumir que los católicos son un 'rebaño obediente' para quienes una declaración basada en la autoridad formal debería ser suficiente. 'Hoy más que antes tienen que encargarse de que los católicos vean, y no sólo que ellos mismos [en la jerarquía] sepan, que tienen razón.' Deben presentar su autoridad de una manera más llevadera y original, obteniéndola del centro de la fe cristiana. Deben interpretar su autoridad de una manera convincente a los creyentes contemporáneos.[290] (tm)

---

[289] Ibid., p. 50.
[290] Ibid., pp. 57-58.

Si la Iglesia quiere que sus seguidores acepten sus formulaciones de fe, lo va a tener que hacer por medio de la convicción, no de la coerción psicológica. "La libertad de conciencia […] tiene que ser absolutamente respetada en cuestiones religiosas y con respecto a la relación del individuo con la Iglesia […]"[291] (tm), pues el "[…] espíritu de la modernidad […] no se orienta por la autoridad sino por la participación[…]"[292]. "La Iglesia debe reconocer ahora la esfera legítima de libertad que pertenece a los católicos o arriesgarse a perder la fe de muchos, quienes, viviendo en el mundo de la razón, no pueden aceptar más una fe solamente porque otros lo mandan"[293] (tm). Es decir,

> Va a ser necesario un estudio intenso sobre la cuestión del magisterio del Papa. Por lo tanto, los teólogos ahora tendrán que mostrar hasta dónde se extiende la competencia del magisterio del Vicario de Cristo. Y van a tener que aclarar que, cuando las opiniones doctrinales teológicamente falibles del Papa son consideradas infalibles, el abuso autoritario del Sumo Pontífice principia […].[294] (tm)

La Iglesia no debe definir y luego exigir que se acepte lo que se debe entender por revelación divina, especialmente

---

[291] Ibid., p. 58.
[292] Boff: *¿Magisterio o profecía?*, ob. cit. p. 25.
[293] Hines: ob. cit., p. 53.
[294] Küng: *Infallible?*, ob. cit., p. 32-33.

si se tiene en cuenta que ni ella ni las Sagradas Escrituras explican cómo es que se da dicha revelación divina. Sería más sensato el entender la revelación divina como una experiencia personal que nunca termina y que se da cada vez que el creyente vive su propia fe ante el plan salvador de Jesucristo. No se puede vivir en una atmósfera en donde "Muchas enseñanzas [son] consideradas heréticas, cuando en realidad el punto [es] si debe considerarse solamente una forma de entender la verdad revelada"[295] (tm). En lugar de insistir en la defensa de la infalibilidad de los dogmas y querer imponerlos por la fuerza, la Iglesia debería concentrarse en ayudar a que la gente viva una fe madura y responsable ante los momentos críticos de nuestra época. En otras palabras, "Sólo [...] al dar una guía de una manera objetiva, específica y humana en el espíritu de Cristo, la Iglesia puede esperar que se le escuche y que se le tome en serio otra vez por los cristianos; especialmente católicos y hombres de buena voluntad"[296] (tm).

Y lo mismo que se dice de los dogmas debe decirse de las devociones. Se necesita una Iglesia que adquiera el compromiso de educar a los fieles contando con su entera colaboración en lo que respecta a su fe. Juntos tienen que reinventar las devociones tradicionales a fin de que se elimine de ellas la simple contemplación y el eterno pedir favores. Solamente de esta forma las devociones nos guiarán por el camino de la acción transformadora, pues creer, desde el punto de vista

---

[295] William Reiser, E. S. J.: *What are they saying about dogma?*, New York, N. Y./Ramsey, N.J., Ed. Paulist Press, 1978, pág. xiii.

[296] Küng: *Infallible?*, ob. cit., p. 32.

de la fe, no significa cruzarse de brazos y esperar a que le caigan las cosas del cielo. Creer significa comprometerse a transformar este mundo en un lugar de más justicia social.

A la luz de estas consideraciones, en este trabajo se ha demostrado que la desmitificación que según mi análisis lleva a cabo Gabriel García Márquez de los dogmas y devociones de la Iglesia católica en su obra maestra *Cien años de soledad* es el primer paso hacia la reinvención de estas declaraciones de fe, pues no puede haber reinvención sin desmantelar primero los viejos modelos. En este sentido, la Teología histórica con su exégesis crítica proporciona un definitivo apoyo a dicha desmitificación, y concluye que estos dogmas y devociones católicos en su forma actual carecen de bases bíblicas y por lo tanto deben ser consideradas como invención humana y no como revelación divina.

Así que, concluyo que la desmitificación en Cien años de soledad viene a confirmar la necesidad de grandes reformas dentro de la Iglesia católica. No hay vuelta de hoja, el Magisterio, Papa y Obispos, deben de renunciar al monopolio de interpretar la palabra de Dios. La Iglesia debe ser incluyente y no excluyente en cuanto a las diferentes formas de vivir la fe. El diálogo debe prevalecer y, al mismo tiempo, como dice Boff, debe evitarse

> "afirmar, como afirma el documento Dominus Iesus del cardenal Ratzinger [actual Papa Benedicto XVI], que sólo la Iglesia católica es Iglesia de Cristo y que las otras Iglesias no son

siquiera iglesias, sino que simplemente «tienen elementos eclesiales», o decir, respecto a las religiones, que éstas «tienen elementos valiosos», pero que sus seguidores corren grave riesgo de perdición porque están fuera de la Iglesia católica, única religión verdadera. Eso no es dialogar, sino insultar."[297]

Ojalá que en un futuro no muy lejano el Magisterio vaticano llegue a comprender lo que yo pienso es el mensaje desmitificador de *Cien años de soledad*, y que tan claramente lo formula Leonardo Boff diciendo que:

Una Iglesia que se propone volver a los modelos del pasado, se inmoviliza como un fósil. Acomodaticia, no cumple su misión religiosa de educar a los cristianos para los nuevos tiempos; más bien los clericaliza, haciéndolos inmaduros en la fe, cuando no papistas infantiles y aduladores, de los que tantos hay hoy.[298]

---

[297] Boff, Leonardo. Publicado 22 abril 2005. "Preocupaciones sobre el nuevo papa". <u>La Columna Semanal de Leonardo Boff.</u> Recuperado 14 enero 2006 <http://www.servicioskoinonia.org/boff/articulo.php?num=113>

[298] Ibidem.

BIBLIOGRAFÍA

Ajijola, Alhaj D.: *The Mith of The Cross*, Chicago, Illinois, Ed. Kazi Publications, 1979.

Akin, James. "Revelation: Public and Private". Catholic Answers. This Rock Magazine. Publicado 2000. <http://www.catholic.com/thisrock/2000/0011bt.asp>.

Alnor, Jackie. "Offer it up: Stigmatas, Suffering and the Catholic Church". Catholic Answers. Publicado 2 marzo 2003. <http://cultlink.com/CathAnswers/Stigmata.htm>.

Ball, Ann: *A handbook of Catholic Sacramentals*, Huntington, IN., Our Sunday Visitor Publishing Division, 1991.

Barryman, Phillip: *Liberation Theology: The essential facts about the revolutionary movement in Latin America and beyond*, New York, Pantheon Books, 1987.

Beckwith, Francis J.: *Daid Hume's Argument Against Miracles: A Critical Analysis*, Lanham-New York-London, University Press of America, Inc., University of Nevada, Las Vegas, 1989.

Boff, Leonardo: *¿Magisterio o profecía? La misión eclesial del teólogo*, México, D. F., Ed. Palabra Ediciones, 1991.

----- "Preocupaciones sobre el nuevo papa". La columna semanal de Leonardo Boff. Publicado 22 abril 2005. <http://servicioskoinonia.org/boff/articulo.php?=113>.

----- *Quinientos años de evangelización: De la conquista espiritual a la liberación integral*, Santander, Editorial Sal Terrae, 1992.

Brian, Allan. "The Poltergeist Dimension". Publicado (sin fecha). <http://www.ellisctaylor.com/poltergeistenigma.html>.

Campbell, Joseph: *The hero with a thousand faces*, 2nd. Ed., New York, University Press, Princeton, New Jersey, 1968.

Catecismo de la Iglesia Católica, Asociación de Editores del Catecismo, España (Madrid), Ed. Coeditores Litúrgicos ET ALII-LIBRERÍA EDITRICE VATICANA, 1992.

Chomsky, Noam. "Intelligent Design?". Khaleej Times. Publicado 6 octubre 2005. <htth://www.chomsky.info/articles/20051006.htm>.

-----*Manufacturing Consent, Noam Chomsky and The Media*, A film by Mark Achbar & Peter Wintonick, 1992 Necessary Illusions Productions, Inc. Package Design: Kevin Gaor, Zeitgeist Video.

Crossan, John Dominic: *Jesus: A Revolutionary Biography*, HarperSanFrancisco, HarperCollinsPublishers, 1994.

-----*The Historical Jesus: The Life of a Mediterranean Jewish Pasant*, New York, HarperSanFrancisco, A Division of Harper Collins Publishers, 1992.

Crystal, Ellie. "Levitation". Publicado (sin fecha). <http://www.Crystalinks.com//levitation.html>.

Eliade, Mircea: *Imágenes y símbolos*, España, Taurus Ediciones, S. A., 1992.

El Libro de los Libros de Chilam Balam: Traducción de sus textos paralelos por Alfredo Vásquez Barrera y Silvia Rendón, Decimosexta reimpresión, México, Fondo de Cultura Económica, 1992.

Ferguson, Sinclair B, David F. Wright and J. I. Packer: *New Dictionary of Theology,* Downers Grove, Illinois, InterVarsity Press, 1988.

Fiores, Stefan De SMM. "Mary in Postconciliar Theology ". trad. Del Italiano por eslie Wearne, Vatican 2, Assessment and Perspectives Vol. 1, Chapter 17. Publicado (sin fecha). <http://www.womenreligious.org/~education/Mariology3/Read/Readings_3/deFiores.htm>.

Forsyth, Neil: *The Old Enimy: Satan The Combat Myth*, New Jersey, Ed. Princeton University Press, 1987.

Fredoso, Alfred J. Hace un análisis del libro God, Time, and Knowledge escrito por William Hasker, Ithaca, New York: Cornell University Press, 1989. Publicado (sin fecha). <http://www.nd.edu/~afreddos/papers/godtime.htm>.

García Márquez, Gabriel: *Cien años de soledad*, Madrid, Ed. Espasa-Calpe, S.A. 1985.

García Márquez, Gabriel: *Cien años de soledad*, México, Editorial Diana, 1986.

Godwin, Malcom: *Angels: an Endangered Species*, New York-London-Toronto-Sydney-Tokyo-Singapore,   Labyrinth Publishing, 1990.

Gullón, Ricardo: *García Márquez o el olvidado arte de contra*, 3ª ed., Madrid, Taurus Ediciones, S. A., 1970.

Gutierrez, Gustavo: *Hablar de Dios desde el sufrimiento del inocente: una reflexión sobre el libro de Job*, Segunda Edición, Salamanca, Ediciones Sígueme, 1988.

Gutterman, Andrea: *Mejore su salud con el agua. Todo sobre los poderes curativos del agua y su importancia en la vida del hombre, Cómo utilizar las técnicas hidroterápicas más eficaces y experimentadas*, Barcelona, España, Fapa Ediciones, 1998.

Hamilton, Carole. "Overview of One Hundred Years of Solitude". Publicado (sin fecha). <http://galenet. galegroup.com/servlet/LitRC?vrsn=3&OP=contains&loc ID=libe9120>.

Harvey-Wilson, Simon. "Human Levitation ". Publicado (sin fecha).   <http://homepage.powerup.com.au/~tkbnetw/ Simon_Harvey-Wilson_13.htm>.

Hauke, Manfred. "Mother of God or Domesticated Goddess? Mary in Feminist Theology". Publicado (sin fecha). <http://www.ewtn.com/mary/motorgod.htm>.

Hines, Mary E.: *The Transformation of dogma: An Introduction to Karl Rahner on Doctrine*, New York/Mahwah, Ed. Paulist Press, 1989.

Joseph, Peter Fr. "Private revelations: ´Keep to what is countenanced by the Church´". Publicado febrero 2000.   <http://www.ad2000.com.au/articles/2000/ feb2000p20_38.html>.

Kukso, Federico. "Por los aires". Página 12. Publicado 8 noviembre 2003. <http//www.pagina12.com.ar/diario/suplementos/futuro/13-621-2003-11-10.html>.

Kung, Hans: *Christianity: Essence, History, and Future*, trad. John Bowden, New York, Ed. Continuum, 1994.

-----*Does God Exist?: An Answer for Today*, New York, Vintage Books, 1981.

-----*Infallible? An Unresolved Enquiry*, trad. Eric Mosbacher, New York, Ed. Continuum, 1994.

-----*On Being a Christian*, Translated by Edward Quinn, Doubleday & Company, Inc./Garden City, New York, 1966.

LaFountain, Phil. "Karl Rahner (1904-1984)". MWT II, 1998-1999. Publicado (sin fecha). <http://people.bu.edu/wwildman/weirdwildweb/courses/mwt/dictionary/mwt_them...>.

Mann, John. "Justification". Publicado octubre 1993. <http://www.fountain.btinternet.co.uk/theology/justific.html>.

Marco, Joaquín: Estudio introductorio a *Cien años de soledad* por Gabriel García Márquez, Madrid, Ed. Espasa-Calpe, S.A., 1985.

Miller, Grete Evans: *The ironic use of biblical and religious motifs in "Las tierras flacas" and "Cien años de soledad"*, Ann Arbor MI, University Microfilms International, DA Ph.D. 1976.

Montaner Ferrer, María Eulalia: *"Falaz Gabriel García Márquez: Úrsula Iguarán, narradora de 'Cien años de soledad'"* Instituto Federic Mompou, HR, 55 (1987).

Mose, Kenrick E. A. "Forma de crítica social en Gabriel García Márquez". University of Guelph, Ontario, <u>Centro Virtual Cervantes, Actas del X Congreso de la Asociación Internacional de Hispanistas, Barcelona 21-26 de agosto de 1989, Vol. 4, 1992-01-01, ISBN 84-7665-976-8</u>. Publicado (sin fecha). < http://cvc.cervantes.es/obref/aih/pdf/10/aih_10_4_004.pdf>.

(Sin autor). "Mysticism: General Information". Publicado (sin fecha). <<u>http://mb-soft.com/balieve/txc/mystic.htm</u>>.

(Sin autor). "Norms and Process for Judging Private Revelations". <u>The Marian Library/International Marian Research Institute.</u> Publicado 1 marzo 2001. <<u>http://www.udayton.edu/mary/resources/newsltr.html</u>>.

Oisteanu, Andrei. "The legend of the wandering Jew in Europe and in Romania". <u>Editor: Waldman Felicia Dr., Studia Hebraica I</u>. Publicado (sin fecha). <<u>http://www.unibuc.ro/eBooks/filologie/hebra/2-5.htm</u>>.

Payer, Pierre J.: *SEX and the Penitentials: The Development of a Sexual Code 550-1150*, Toronto Buffalo London, University of Toronto Press, 1984.

Pettingill, William. "Infant Baptism It's History and It's Harm". <u>On-Line Resource Articles</u>. Publicado (sin fecha). <http://cnview.com/on_line_resources/infant_baptism.htm>.

(Sin autor). "Plasma: El Cuarto estado de la material". <u>Genciencia</u>. Publicado 12 enero 2006. <http//www.genciencia.com/física/plasma-el-cuarto-estado-de-la-materia#blog-comments>.

Ramos, Luis R. "Los Eloi del siglo 21". Sociedad de Escépticos de P.R. Publicado noviembre 2005. <http://www.escepticospr.com/Archivos/los_eloi_del_siglo_21.htm>.

Reiser, William E. S. J.: *What are they saying about dogma?*, New York, N. Y./Ramsey, N.J., Ed. Paulist Press, 1978.

Royston Pike, Edgar: *Diccionario de Religiones*, Adaptación de Elsa Cecilia Frost, 2ª ed., México, Fondo de Cultura Económica, 2005.

Russell, Burton Jeffrey: *Lucifer: The Devil in the Middle Ages,* Ithaca and London, Ed. Cornell University Press, 1984.

(Sin nombre). "Sacraments, Baptism". Catholic Wisdom Publications. Publicado (sin fecha). <http://www.sspxasia.com/Documents/Sacraments/Baptism.htm>.

Sagrada Biblia, Traducción española de los textos originales dirigida por el P. Felix Puzo, S.J.,profesor de ciencias bíblicas de la Pontificia Universidad Gregoriana de Roma, tercera edición, Barcelona, Editores, S. A., 1986.

Sheehan, Thomas. "The Dream of Karl Rahner". The New York Review of Books, Volume 29, Number 1. Publicado 4 febrero 1982. <https://www.nybooks.com/articles/6743>.

Sheler, Jeffrey L.: *Is the Bible true?: How Modern Debates and Discoveries Affirm the Essence of the Scriptures*, United States of America, Harper San Francisco and Zandervan Publishing House, 1999.

Sider, Ronald J. "Jesus' Resurrection and the Search for Peace and Justice". Publicado (sin fecha). <http://www.religion-online.org/showarticle.asp?title=1351>.

Siervas de los Corazones Traspasados de Jesús y María, Las. "Virginidad de María". Publicado (sin fecha). <http://www.corazones.org/maria/ensenanza/virginidad.htm>.

Sungenis, Robert. "Fr. Raymond Brown and the Demise of Catholic Scripture". Catholic Apologetics International. Publicado (sin fecha). <http://www.catholicintl.com/epologetics/articles/pastoral/fr-ray-brown2-htm>.

Thavis, John–CNS. "Assessing apparitions: Vatican considers guidelines to help bishops". Publicado (sin fecha). <http://www.the-tidings.com/2003/cns0131.htm>.

Thevathasan, Prayin. "The Balasuriya Affair". Christian Order Limited. Publicado diciembre 1997. <http://www.catholicculture.org/docs/doc_view.cfm?recnum=260>.

Vargas Llosa, Mario: *García Márquez: Historia de un Deicidio*, Barcelona, Barral Editores, S.A., 1971.

Velasco, Ana María: *Función de lo mítico en "Cien años de soledad"*, Ann Arbor, Michigan, U-M-I Dissertation Information Service, University Microfilms International, 1982.